RÉPUBLIQUE FRANÇAISE
LIBERTÉ-ÉGALITÉ-FRATERNITÉ

Administration générale de l'Assistance publique à Paris

*LES GRANDS
TRAVAUX HOSPITALIERS
1903 - 1909*

L'Hôpital Saint-Antoine

(1795 - 1909)

BERGER-LEVRAULT ET Cie, ÉDITEURS

PARIS | NANCY
5, RUE DES BEAUX-ARTS | 18, RUE DES GLACIS

1910

Tous droits réservés

Hôpital Saint-Antoine

Notice établie par les soins de M. André Mesureur, chef du service de la direction à l'administration générale de l'Assistance publique à Paris, et de M. Fosseyeux, sous-chef, sous-archiviste de l'administration.

RÉPUBLIQUE FRANÇAISE
LIBERTÉ-ÉGALITÉ-FRATERNITÉ

Administration générale de l'Assistance publique à Paris

*LES GRANDS
TRAVAUX HOSPITALIERS
1903-1909*

L'Hôpital Saint-Antoine

(1795-1909)

BERGER-LEVRAULT ET Cie, ÉDITEURS

PARIS	NANCY
5, RUE DES BEAUX-ARTS	18, RUE DES GLACIS

1910

HOPITAL SAINT-ANTOINE

Directeur : M. Paul Bru (1901).
Économe : M. Jordy (1904).
Médecins : MM. Hayem, O. ✱, professeur de clinique médicale, de l'Académie
                de médecine (1879) ;
        Siredey (1895) ;
        Béclère (1899), de l'Académie de médecine ;
        Vaquez, ✱ (1902) ;
        Jacquet, ✱ (1903) ;
        Le Noir (1903) ;
        Mosny, ✱ (1903) ;
        Mathieu (1906) ;
        Claude (1910).
Chirurgiens : MM. Lejars, ✱ (1906) ;
        Ricard, ✱ (1907).
Accoucheur : MM. Doléris, O. ✱ (1908) ;
        Funck, accoucheur des hôpitaux, assistant.
Oto-rhino-laryngologiste : M. Lermoyez, O. ✱ 1896.
Dentiste : M. Richer (1909).
Pharmacien : M. Héret (1905).

Conseiller de surveillance : docteur Gilbert, conseiller municipal.

Conseiller municipal délégué par la 5ᵉ commission : M. Salmon, conseiller
municipal du quartier de Picpus.

Inspecteur principal : M. Gory, ✱.
Inspecteur de la comptabilité en matières : M. Béchet.
Architecte : M. François Renaud, ✱.
Ingénieur : M. Desbrochers des Loges.

(La date indiquée est celle de la nomination dans l'établissement)

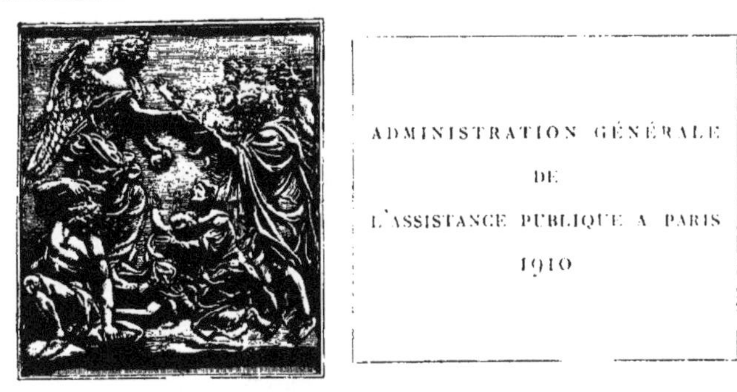

L'Hôpital Saint-Antoine

Placé au centre de quartiers les plus populeux de Paris, l'hôpital Saint-Antoine s'étend entre deux voies actives, le Faubourg-Saint-Antoine et le boulevard Diderot. La tradition a conservé la principale entrée de l'hôpital et a maintenu le bureau des admissions du côté du Faubourg, non loin de ces vieilles « Boucheries » qui nous ramènent au temps passé, et, naguère encore, au bout de l'impasse, se dressait une grille modeste, laissant apercevoir les jardins du grand hôpital, bordés dès l'entrée par les baraquements peu honorables des services d'admission. Le nouveau bâtiment qui s'élève à cette place, et qui est affecté au personnel, laisse, sur le côté, indépendant de la porte principale, un large chemin de ronde donnant accès aux services généraux et isolant l'hôpital. Mais l'hôpital ne se sépare pas du « Faubourg », il est fait pour lui, il lui a emprunté son allure un peu libre et faubourienne, et le modeste ouvrier de Popincourt ou de Picpus, s'il est blessé, s'il est frappé par la maladie, se sent chez lui à Saint-Antoine.

La circonscription hospitalière de Saint-Antoine est particulièrement chargée; dans ce groupe industriel d'une vie intense, à proximité de deux gares de chemins de fer et à la porte de l'agglomération si dense de la banlieue Est de Paris, il reçoit un nombre considérable de malades et de blessés. La circonscription de Saint-Antoine est ainsi formée :

QUARTIERS	ARROND.	POPULATION	COMMUNES DE LA BANLIEUE	POPULATION
Marguerite (Sainte-)	11e	51.570	Bry-sur-Marne	2.125
Roquette (la)	11e	75.906	Champigny	8.520
Ambroise (Saint-) (1)	11e	48.295	Fontenay-sous-Bois	11.186
Bel-Air	12e	20.030	Joinville-le-Pont	6.079
Bercy	12e	10.646	Montreuil	35.516
Piepus	12e	60.299	Nogent-sur-Marne	11.721
Quinze-Vingts	12e	17.673	Le Perreux	12.649
			Saint-Mandé	17.237
			Saint-Maur	27.455
			Vincennes	33.054
Paris		311.419	Banlieue	164.317
Total général			478.736	

(1) Pour la médecine seulement.

Aussi se développe-t-il sans cesse : en 1862, le vaste bâtiment de Lenoir et ses 2 ailes contenaient à peine 534 lits ; au budget de 1910, avec les adjonctions et avec les constructions nouvelles. 899 lits sont prévus :

	Hommes	Femmes	Enfants	Total
Médecine (maladies aiguës)	309	238	»	547
id. (isolement)	6	6	»	12
Chirurgie (maladies aiguës)	69	64	»	133
id. (ovariotomie)	»	10	»	10
Laryngologie*	20	12	»	32
Accouchement (femmes enceintes)	»	9	»	9
id. (femmes accouchées)	»	48	»	48
id (femmes accouchées malades)	»	8	»	8
Berceaux	»	»	80	80
Lits de crèche (médecine)	»	20	»	20
	404	415	80	899

En 1896, on y comptait 302.172 journées de malades ; en 1908, 345.345. Et le chiffre des consultations, des bains externes, croissait dans une proportion encore plus rapide (83.081 en 1908. et 29.045 douches).

Le polygone formé par l'hôpital laissait autrefois, là où s'élèvent maintenant le pavillon Moïana et la maternité, de vastes étendues incultes dont nos chefs de service, internes d'alors, ont

L'ENTRÉE DE L'HOPITAL SAINT-ANTOINE

conservé le souvenir : la « Savane » de Saint-Antoine a fait place à des salles de malades.

Ainsi qu'il arrive souvent, sous la nécessité des événements de 1870-1871, on avait élevé, dans de mauvaises conditions, des baraquements insalubres : quelques-uns subsistent encore : l'emprunt des grands travaux hospitaliers (loi du 7 avril 1903) a heureusement permis d'opérer à Saint-Antoine une transformation profonde et de donner à nos malades des services dignes de la Ville de Paris : consultations générales et spéciales, nouvelles salles de malades, pharmacie, usine électrique, bâtiments du personnel. Les travaux commencés le 24 août 1904 ont changé l'aspect de l'établissement, et ces baraques en bois, ces vieux passages noircis de crasse, aux portes vermoulues, ces recoins sombres ont fait place à des constructions simples et adaptées à notre hygiène hospitalière moderne : isolé des maisons du Faubourg-Saint-Antoine, un vaste bâtiment à étages borde le périmètre de manière à diminuer dans la moindre mesure possible la masse d'air libre ; des bureaux, les locaux des consultations, à rez-de-chaussée seulement, ont augmenté la surface utilisée sans restreindre la vue ni l'aération.

L'hôpital Saint-Antoine devait à sa grande activité, aux services qu'il rend à la population des XIe et XIIe arrondissements, d'être l'objet des préoccupations de l'administration et de recevoir des aménagements qui le mettent en état de remplir sa mission.

Les bâtiments neufs ne lui enlèveront pas sa physionomie qui tient plutôt aux êtres qu'aux choses. Le « Faubourg Saint-Antoine » a donné sa « note » à l'hôpital même, et, comme dans le caractère parisien, les extrêmes s'y rencontrent. Une plaque de marbre conserve le souvenir funèbre des internes et des infirmiers et infirmières tombés victimes du devoir pendant l'épidémie cholérique ; et une surveillante, Mme Ve Brochard, porte fièrement sur sa poitrine la croix de la Légion d'honneur qu'elle a gagnée au chevet de ses malades [1] : cependant que d'autres éléments, plus agités, plus batailleurs, apportent quelque trouble dans cette ruche bourdonnante du personnel de Saint-Antoine.

C'est là que l'administration, depuis 1903, a concentré ses services de recrutement du personnel masculin ; les « postulants » sont reçus à Saint-Antoine et, en attendant leur admission dans le personnel hospitalier, ils sont envoyés, après examen de leurs pièces d'identité, casier judiciaire, etc., et après examen médical, dans les établissements où il est nécessaire d'avoir quelques bras supplémentaires parmi les garçons de service. En 1906, 800 d'entre les 900 postulants recrutés par Saint-Antoine sont demeurés dans les hôpitaux comme garçons de service.

---

(1) Une plaque commémorative rappelle les noms des victimes du devoir : M. Buret (Louis), infirmier, décédé à 43 ans du choléra ; Mme Niederlender (née Élisabeth Aubry), suppléante, morte à 30 ans (épidémie de choléra de 1892) ; Mlle Marie-Anne Le Roux, infirmière, morte à 40 ans, le 2 octobre 1904 ; M. Labé (Auguste-Victor), infirmier, mort à 25 ans ; Mlle Savin (Thérèse), infirmière, morte le 21 janvier 1907, tous trois victimes de la fièvre typhoïde.

L'hôpital Saint-Antoine a une origine révolutionnaire et pendant de longs siècles la fameuse abbaye royale de Saint-Antoine-des-Champs conservait dans ce coin de Paris, qui vit tant d'événements historiques, la légende de saint Antoine dont le souvenir ne s'est pas effacé.

Dans sa séance du 28 nivôse an III (17 janvier 1795), la Convention nationale, après avoir entendu le rapport de ses Comités des secours publics et des finances réunis, prit le décret suivant :

ARTICLE PREMIER. — Les ci-devant maisons hospitalières sises à Paris, rue Moufletard, place de l'Indivisibilité, rue de la Roquette, et dans la commune de Mandé, sont supprimées.

Origine et Histoire

ART. 2. — Les ci-devant religieuses attachées à ces différentes maisons recevront, à compter du jour de leur suppression, le traitement fixé par les décrets des mois d'octobre 1790 et août 1792.

ART. 3. — Les infirmes qui occupent des lits dans les maisons ci-dessus désignées, en y payant pension, ont la faculté d'entrer aux mêmes conditions dans un hospice de bienfaisance nationale.

ART. 4.— Les infirmes et indigents traités gratuitement dans les maisons supprimées seront placés convenablement suivant leur état d'infirmité dans les hospices nationaux.

ART. 5. — Pour remplacer les hospices supprimés par le présent décret, et pour favoriser particulièrement l'évacuation des lits encombrés dans le ci-devant Hôtel-Dieu, il sera établi deux nouveaux hospices d'humanité, un à la ci-devant maison Beaujon, *l'autre dans le bâtiment neuf de l'abbaye Antoine* (1).

ART. 6. — D'après les localités, l'hospice Beaujon contiendra quatre-vingts lits : *celui de l'abbaye Antoine cent soixante.*

ART. 7. — Dans les mêmes vues de bienfaisance, l'hospice Jacques, qui ne contient que quarante lits, sera porté à quatre-vingts.

ART. 8. — La Commission des secours publics se concertera avec celle des domaines nationaux, pour presser l'inventaire du mobilier des maisons supprimées, et se faire remettre les meubles et effets propres au service des hospices d'humanité.

Le présent décret sera envoyé à la Commission des secours publics et à celle des domaines nationaux de Paris (2).

Ce décret, qui fondait l'hospice de l'Est (3), « dans le faubourg Antoine », était précédé d'un rapport de Bô, qui, après avoir exposé la nécessité de la création des trois nouveaux hospices ci-dessus mentionnés, insistait spécialement sur l'utilité de l'établissement à

---

(1) Elle avait été supprimée par le décret de l'Assemblée constituante du 11 février 1791, et les bâtiments étaient devenus en 1792 des magasins de subsistances militaires (délib. du 18 sept. 1792 l'an 4e de la Liberté et le 1er de l'Égalité. Arch. nat., Section adm. S. 4357).

(2) *Journal des débats et des décrets* (t. XXVIII, n° 846, p. 393 et suiv.).

(3) Il a été aussi souvent désigné, à l'époque révolutionnaire, sous le nom d' « hospice de l'Humanité » parce qu'il fut au début comme une annexe de l'Hôtel-Dieu qui portait ce nom.

ouvrir dans le faubourg Antoine, « non seulement sous le rapport des services que le faubourg a rendus à la Révolution, mais encore sous celui d'une humanité bien ordonnée et d'une justice bien légitime, puisqu'il renferme trois maisons hospitalières que nous vous proposons de supprimer ». C'était bien l'hôpital du Faubourg que l'on créait. Il ajoutait :

Ce faubourg a quelque droit à un remplacement qui, en rapprochant la bienfaisance du malheureux en augmente le prix, en lui ménageant les consolations que les liens du sang et de l'amitié répandent autour du malade, souvent avec plus de succès que les remèdes les mieux appliqués. Quant à l'hospice Jacques, il n'est question que d'une augmentation de lits que la localité favorise, et qui aidera à retirer de l'Hôtel-Dieu ces lits coupés, ces rangs de lits en troisième ligne, qui ne font qu'aggraver les causes de méphitisme et appeler le terme fatal au milieu des anxiétés, des cris de douleur et de désespoir.

Ces établissements se formeront sans aucune dépense pour l'État ; il en résultera encore une économie considérable sur la valeur des emplacements, puisque des trois hospices d'humanité que le Comité vous propose, deux existent déjà, et le troisième à former à la ci-devant abbaye Antoine n'emploiera que le bâtiment neuf, qu'il est facile de séparer des autres bâtiments et des vastes jardins dont cet enclos est composé, tandis que la Nation rentre dans la propriété disponible de quatre bâtiments très vastes, mais qui, par leur mauvaise distribution, ne sont point propres à cette nouvelle destination, et dont cependant les deux seuls enclos de l'hospice Mandé et de la Roquette sont évalués à plus d'un million.

Ce bâtiment neuf que désignait Bô était celui qu'avait construit vers 1770 l'architecte Lenoir, de concert avec M. Aubier, procureur général de l'abbaye, et sur la décision de Mme de Beauvau-Craon, dernière abbesse de Saint-Antoine-des-Champs. Le plan de ces bâtiments dont les Archives nationales ont conservé deux esquisses (1) est celui qui figure sur les plans de Paris en vingt quartiers exécutés par Jaillot, de 1772 à 1775. Le plan de l'architecte Lenoir resta d'ailleurs inachevé, car les constructions furent arrêtées faute d'argent. On peut s'en rendre compte d'après le plan géométral dressé sous la direction de Verniquet, entre 1789 et 1798, qui reproduit, en dehors de la grande aile méridionale construite par Lenoir, les bâtiments tels qu'ils figuraient sur le plan de l'abbaye dressé par Le Gendre en 1740, et conservé aux Archives nationales (2). On constate également la diminution de l'enclos de l'abbaye, provenant de l'aliénation faite en 1776 de tout le terrain nécessaire à l'établissement du marché Saint-Antoine et des rues qui y donnaient accès (rue de Cotte, rue Trouvée, rue Lenoir, rue d'Aligre, rue de Beauvau).

L'Abbaye de Saint-Antoine-des-Champs

----

(1) N. Seine, 11ᵉ classe, nᵒ 20.
(2) N. Seine, 12ᵉ classe, nᵒ 18.

L'abbaye royale de Saint-Antoine-des-Champs s'était en effet peu à peu agrandie depuis sa fondation à la fin du xii° siècle. A l'origine, l'enclos, entouré de hautes murailles et d'un large fossé, contenait 14 arpents.

En 1636, l'abbesse Marie II Bouthillier avait acheté au sieur Jean de Vitry 10 arpents et demi, les avait réunis au jardin de l'abbaye avec d'autres terrains, et l'enclos, agrandi de 16 arpents, s'étendit alors au Sud jusqu'à la rue de Charenton. En 1772, l'abbesse Marie-Madeleine de Mornay-Montchevreuil y avait encore

LA SORTIE APRÈS LA VISITE DU DIMANCHE

apporté un nouvel agrandissement. L'abbaye était alors une véritable puissance ecclésiastique.

Sans doute l'ordre de Citeaux à qui elle appartenait avait à Paris des maisons aussi célèbres, Port-Royal, Panthemont, l'Abbaye-au-Bois, les Bernardines, les Filles-Dieu, les Feuillantines, mais aucune n'avait un rôle aussi important dans la capitale.

Les premières familles du royaume briguaient l'honneur d'y avoir une « abbesse commendataire » : dans la liste des 41 abbesses données par le « Gallia Christiana » depuis le xvi° siècle, on relève les noms d'Anne de Thou, Madeleine Brûlart de la Borde, Jeanne du Puy, Marie Bouthillier, Madeleine, puis Françoise Molé, filles de Mathieu Molé, Madeleine de Mornay-Montchevreuil, Éléonore de Bourbon-Condé, fille de Louis III de Bourbon, et la dernière des abbesses, Gabrielle-Charlotte de Beauvau-Craon.

C'est là que les rois de France s'arrêtaient et que venaient les chercher les députations de la ville quand ils faisaient leur entrée solennelle dans Paris par la porte Saint-Antoine, et là aussi que l'on transportait leur corps avant le transfert solennel à Notre-Dame et à Saint-Denis, lorsqu'ils venaient à mourir en dehors de Paris [1].

C'était aussi la plus ancienne des abbayes de l'ordre de Citeaux, bien que les historiens ne soient pas d'accord sur la date exacte de sa fondation [2]. Il n'est pas sans intérêt de rapprocher le texte du décret de la Convention instituant « l'hôpital Antoine » du récit de la fondation de l'ancienne abbaye tel que nous la donne le vieil historien J. du Breul, Parisien, dans son *Théâtre des Antiquités de Paris* paru en 1612 [3].

En ceste Abbaye sont Religieuses de l'ordre Sainct-Benoist, soubz la congregation de Cisteaux. De laquelle la fondation est descrite en vn grand tableau de leur Eglise, au deça du chœur, à main senestre en ces termes. L'an de l'Incarnation de nostre Seigneur 1181, s'esmeut certain discord entre les Escolliers de l'Vniversité de Paris, et aucuns habitans de ladite ville. Pour cause que lesdits Escolliers de iour à autre, prenoient et rauissoient de faict et force de leurs femmes, filles et chambrieres.

Pour lesquelles causes furent plusieurs desdits Escolliers et bourgeois occis et massacrez, tellement que lesdits Escolliers se voulurent departir et aller tenir Vniversité ailleurs. Parquoy la ville de Paris en demeura mould depopulee, et la foy par ce moyen blessee.

La Légende de saint Antoine

Et pour ce icelle Vniversité envoya à Rome pardeuers le sainct Pere. Lequel pour obuier aux inconueniens qui s'en fussent ensuiuis, envoya deux de ses Cardinaux à Paris, pour pacifier et accorder les dicts parties. Lesquels venus de Rome arriuerent au bois de Vincennes pres Paris enuiron l'aube du jour. Et ceux qui les auoient esté querir arriuerent entre ledit bois et Paris, sur une petite montagne, au dessus du lieu, où est à présent fondee l'Eglise Sainct-Antoine. Et là fut erigee vne Croix, nommee la *Croix Benoiste*, à present brisee, d'où l'on void à plain la ville de Paris. Iceux Cardinaux se mirent à descendre à genoux, faisans leurs prieres à nostre Createur, affin qu'ils peussent faire chose qui luy fut agreable, et la chose accomplir pour laquelle ils estoient enuoyez. Et ce faict remonterent sur leurs mules. Et vindrent vn peu outre en la vallee en approchant de Paris. Où il trouuerent vne personne en semblance d'hermite, tenant en sa main vn manequin ou panier plein de pierres. Et iceluy Hermite les iettoit sur terre par espace d'vne eniambee en compassant et enuironnant le lieu d'icelle Eglise, où elle est à present fondee. Auquel

---

(1) D* Garsonnin. *L'Abbaye royale de Saint-Antoine-des-Champs-lez-Paris et l'hôpital Saint-Antoine;* Paris, Jouve, 1891.

(2) Du Breul donne comme date de cette fondation 1181; La Caille, 1182: Le Maire, 1190; G. Brice, 1193; Bonnardot, 1199.

(3) Édition de 1639, p. 1021 et suiv.

Hermite ils s'addresserent et l'admirerent, en disant qu'il leur dit qui il estoit, et
que signifioit ce qu'il faisoit. Lequel tantost leur dict. Je suis Antoine icy enuoyé
par la volonté du Tout puissant, pour compasser et faire l'enceinte de ce lieu.
Auquel iordonne que l'on édifie Vne Eglise, où le Tout puissant et sa glo-
rieuse Mere soient priez honorez et seruis et moy aussi, pour soulager et
supporter le peuple de France de trauail et de peine. Et atin que plus legere-
ment ils puissent acquerir le remede de ce qu'ils requerront, pour ce que par
deça les monts n'y a Eglise qui en soit fondee. Et ces choses dictes les dits Cardinaux luy faisants plusieurs prieres et requetes, le virent esuanouyr. Et après
se remonstrerent et vindrent à Paris de bon matin. Et eux logez, ne firent et ne
direct chose touchant leur ambassade, jusques à ce qu'ils eussent reuelé la dite
vision, comme ils firent peu après, l'un preschant en l'Eglise Sainct Merry, et

UNE SALLE DE LA MATERNITÉ

l'autre en l'Eglise Sainct Seuerin. Alors le peuple de Paris meu de deuotion,
fit fonder au dit lieu vne petite Eglise et Chapelle, au pourpris de Sainct
Antoine, qui encore y est, sur le chemin en l'honneur du glorieux amy de Dieu
Monsieur Sainct Antoine. Ils y firent aussi un hostel surnommé de Sainct Antoine; où se retirerent plusieurs personnes pour y viure chastement et solitai-
rement: comme le lieu y estoit propre, ayant plusieurs bocages et deserts.

En l'an dessusdit frère Hue Fouquaulx, abbé de sainct Denys, en France,
par ordonnance et à la resqueste desdicts Cardinaulx, après leur departement
entretint et prescha ladite vision : et par son moyen tant qu'il vesquit retira
maintes personnes, tant vsuriers comme menans vie dissoluë. Et fit à plusieurs
d'iceux vsuriers rendre les gages francs et quittes à ceux qui leur deuoient. Et
leur fit mener deslors en auant vie charitable, pour lesdictes vsures.

Aux hommes et femmes de dissolution, et mesmement à celles qui s'aban-
donnoient pour vil et petit pris, fit renoncer et délaisser leursdits vices Dont il
y en eut partie qui eleurent et vouërent mener et faire vie contemplatiue sous

religion. Les autres furent liées par mariage : les autres se prindrent à faire voyages et pellerinages, nuds pieds et voillez par tout le corps d'un linge ou autrement.

Enuiron l'an 1193, ledict Hue Foulquaulx, abbé de sainct Denys décéda, laissant pour successeur Pierre de Roissy, lequel continua à publier et prescher au peuple ladicte vision de sainct Antoine. Tellement qu'en ladicte maison (qui estoit en forme d'Hermitage) en l'an 1197, il s'y retira grand nombre de prestres et laics, hommes et femmes. Et ne pouants où loger, lesdicts pretres bastirent audict lieu sur la chaussée vn cloistre, un dortoir, vn réfectoire et vne salle. Et un peu plus loing vers la cour, fut pareillement basty pour les femmes vr dortoir, vn réfectoir et vn cloistre, appelé à présent Le vieil Cloistre aux Dames.

En l'an mil cent quatre vingts et seize, Maurice Euesque de Paris deceda et son successeur Odo de Soliaco (en français de Scully) quelque temps s'en alla audict lieu de sainct-Antoine, et fit remonstrance aux religieuses qu'y estoient que pour leur honneur et la conseruation de leur estat, il estoit expedient de se renger sous une congrégation reformee. Autrement qu'il les chasseroit toutes. En ce mesme temps, c'est à sçauoir en l'an mil cent quatre-vingt-dix-huict, la congrégation reformee de Cisteaux fut erigee, comme il est mentionné en ce distique.

Anno Milleno, centeno, bis minus vno,
Sub Patre Roberto cœpit Cistertius ordo.

Parquoy sainct Guillaume, Niuernois de nation, qui de Chanoine de nostre Dame de Paris deuint Religieux de Grammont, et apres Abbé de Chaalis (en latin Caroli Loci) au diocese de Senlis, et enfin archeuesque de Bourges, leur conseilla de se submettre audit ordre, recognoistre l'Abbé de Cisteaux pour supérieur, obéir à ses commandements, visitations et corrections, et admettre les Religieux qu'il leur ordonnera pour ouyr leurs confessions et administrer les saincts Sacremens. A quoy ils acquiescèrent.

Et pour auctoriser ce consentement, et rendre inuiolable ceste union à la dicte Congrégation, elles enuoyerent à Rome vers le Pape Innocent troisesme. Lequel eut pour agreable la requeste, et leur octroya bulles fort amples de confirmation, y adioustant des indulgences et pardons de peine et de coulpe, pour les religieuses et domestiques du dict sainct Antoine, et pour tous ceux qui visiteront ce lieu tous les ans le lendemain de Pasques, et y aumosneront de leur bien selon leur pouuoir et facultez : autant comme s'ils visitoient les saintes Eglises de Rome.

Quand ceux qui estoient allez à Rome furent de retour et icelles indulgences publiées, chacun s'estudia à donner à ceste Eglise cens, rentes et possessions, tellement qu'en peu de temps le reuenu augmenta à merueille. Et fut créée la première Abbesse, sœur Theophaine, qui resida douze ans. La seconde, sœur Agnes, qui fut sept ans. Et la troisième, sœur Gilles, qui fut seize ans. Et ainsi consecutiuement les autres, jusques à present, que gouuerne Mme Renee de la Salle.

L'an 1200, au mois de May, Louys fils du Roy Philippe-Auguste, et pere du Roy Saint-Louys, espousa Blanche, fille d'Alfonse, roy de Castille et niepce de Iean Roy d'Angleterre. En mémoire de la ioye **La Chronique** qu'il eut d'auoir eu le dict enfant sainct Louys. Il donna **de l'Abbaye** à la dicte Abbaye la terre où est située l'Eglise, et les enuirons, contenants quatorze arpents et onze perches de vignes : Et deux cents soixante-dix arpens de terres, qui sont entre Paris et le bois de Vincennes.

En l'An 1204, ledit Odo Euesque de Paris exempta l'Abbaye de sainct

Antoine des champs de toute subiection Episcopale, et voulut que les Religieuses ne fussent subiects sinon audit ordre de Cisteaux, iouyssent des priuileges franchises et libertez d'iceluy. Les dites lettres donnees audict an, et de son Pontificat le huictiesme.

L'An 1215, au moys de May, Pierre Camb, Euesque 72. de Paris, son Archidiacre, et le Curé de sainct Paul (en l'estenduë de laquelle paroisse est l'Abbaye de sainct Antoine) quitterent aux religieuses tout ce qu'ils pourroient pretendre pour les droits parrochiaux et donnerent permission irreuocables aux Religieuses et Prestres seculiers demeurants en la ceinture de l'Abbaye ou és enuirons, de leur administrer tous les saincts Sacrements. Les dictes Lettres dattees le 7. an du Pontificat dudit sieur euesque.

Le Seigneur de sainct Mandé qui se tenoit à Paris pour aller à sadite seigneurie passoit souvent pardevant l'Eglise sainct Antoine qui est sur le chemin, et desiroit y ouyr Messe. Mais pour la grande multitude de peuple n'y pouuoit entrer. Parquoy il prend resolution d'en faire bastir vne plus grande : Et regardant à son thresor, il trouua qu'il auoit sept mil mailles d'or. Laquelle somme, il veut employer en marchandise, pour du prouffit qui en prouiendra faire construire ladite Eglise. Si fit venir quatre Clercs, et à chacun d'iceux bailla mil obolles d'or, et les enuoya en diuers lieux, les enchargeant d'acheter et faire venir à Paris diverses marchandises. Lesquels firent si bon traficque qu'en quatre an suiuans l'Eglise fut parfaite de leur gain, et si ledi. Seigneur receut le principal argent : qui est chose admirable. Icelui aussi donna à ladite Eglise trente arpens de terre en sa censiue et seigneurie près dudit sainct Mandé.

PRÉAUX DES MALADES

L'an 1233, le deuxième iour de iuin fut ladicte nouuelle Eglise dediee en l'honneur de nostre Seigneur Iesus-Christ, de la Vierge Marie, et de sainct Antoine (au nom duquel elle avoit esté dediee par les Euesques qui s'ensuiuent. C'est à sçauoir par Guillaume Euesque de Paris, Gaultier Euesque de Cambray, et Pierre Euesque de Meaux : qui firent l'office de la dédicace és presences des Euesques de Chartres, de Noyon, de Soissons, de Senlis et ds Chaalons. Aussi le Roy saint Louys qui auoit desia regné six ans, la Royne Blanche sa mère, et la Royne sa femme, plusieurs Ducs, Comtes, Barone et grande quantité du peuple de Paris y assistèrent. Les sainctes reliques d'icelle Eglise furent mises en des reliquaires d'argent, et les autres en des chasses.

Tel est le sommaire de la fondation de ladicte Abbaye de saint Antoine des Champs, selon qu'il est contenu audict tableau.

La petite Eglise ou Chapelle mentionnee cy-dessus est celle qui se void encores à present le long de la Chaussée, en laquelle les corps des deffuncts Roys ou Roynes de France sont portez apres leur decez, auant que de faire leur service solennel à l'Eglise nostre Dame, et là s'assemble la noblesse et gens de iustice, tous en dueil, pour de ce lieu conduire le corps en ladite Eglise de Nostre Dame, et le lendemain à S. Denys en France.

En la grande Eglise deuant le grand Autel, on voit deux statues de marbre

blanc ou d'albastre sur un tombeau de marbre noir, et les deux Epitaphes suivant sont grauez sur les chapiteaux d'au dessus de leurs testes.

*Cy gist Madame Ieanne, aisnee, fille de Monsieur Charles aisné, fils du
Roy de France, Regent du Royaume, Duc de Normandie, Dauphin de Viennois,
et depuis Roy de France, et de Madame Ieanne de Bourbon, Duchesse de
Normandie, Dauphine de Viennois, et depuis Royne de France. Qui trespassa
en l'Abbaye de Sainct Antoine lez Paris le 21. iour d'octobre 1360.*

*Ci gist Madame Bonne, seconde fille de M. Charles dessudict et de
Madame Ieanne de Bourbon dessus nommee. Qui trespassa au Palais, le
7. iour de novembre 1360.*

Au-dessus de l'vne des portes de la mesme Abbaye, on void vn tableau repint
depuis peu, au bas duquel cet escrit est aussi dépeint.

*L'an 1257. par la permission de Messieurs les Preuost des Marchands et
Eschenins de la ville de Paris fut ennoyé vn nommé Pierre de Monsiaux,
maistre des œuvres de la ville, pour l'Eglise abbatre de ceans, disant par eux
avoir affaire de pierres pour la dicte ville. Mais si tost que ledit Monsiaux eut
frappé le premier coup de marteau sur l'vn des pilliers du portail de ladite
Eglise, ledit de Monsiaux fut embrasé du feu S. Antoine.*

Vn os est suspendu deuant ce tableau, lequel on dit estre de ce Masson.

L'an 1562, entre les ruines d'vne Croix, qui anciennement auoit esté erigee
à la croisee du chemin tendant de Paris a Charenton, au carrefour de Reully,
au derrière des murs de l'Abbaye sainct Antoine des Champs, fut par le
Maistre des œuvres de Massonneries de l'hostel de la ville de Paris, trouué
vne pierre en forme de tableau, portant portion de la verge d'icelle Croix :
auquel estoient escrits ces mots:

*L'an MCCCCLXV fut icy tenu le landict des trahisons, et fut par vnes
trefues qui furent données : maudit soit-il qui en fut cause.*

Lequel tableau est encore à présent dans les magazins de l'Hostel de Ville.

Tous les historiens de Paris, Corrozet, Piganiol de la Force,
Félibien, Jaillot, décrivent à leur tour la célèbre abbaye, dont
H. Bonnardot a repris récemment la chronique (1).

L'Hôpital révolu-tionnaire Le décret du 28 nivôse an III en marque la fin :
désormais c'est l'hôpital qui s'installe au fau-
bourg. Ce fut Clavareau, architecte des hospices,
qui fut chargé de prendre les mesures nécessaires pour un aména-
gement rapide. Il adressa à cet effet à la commission des secours
publics, le 8 messidor an III (2), un rapport avec plan qui fut
approuvé le 14 messidor par les 2 surveillants, Levasseur et
Thouret (3). Les travaux proposés furent rapidement mis à exécution. L'église abbatiale et la chapelle Saint-Pierre furent vendues
le 3 vendémiaire an V (24 septembre 1796) et démolies. Les
terrains de l'enclos divisés en 5 lots furent également aliénés le

---

(1) *L'Abbaye royale de Saint-Antoine-des-Champs;* Paris, Féchoz, 1882.

(2) Arch. nat., F15 257.

(3) Ce rapport a été reproduit par Tuetey, dans *l'Assistance publique à Paris pendant
la Révolution,* t. IV, p. 37; Paris, Impr. nat., 1897, ainsi que le mémoire des jardiniers
maraîchers expropriés de partie de leur terrain dans l'ancienne abbaye et à qui il fallut
donner des indemnités.

19 messidor an VI (17 juillet 1798). Par ces diverses aliénations ou démolitions, l'hôpital se composa seulement des trois bâtiments construits par Lenoir vers 1770, et de l'aile occupée autrefois par l'abbesse. L'hospice, ouvert le 4 pluviôse an IV, comprenait 200 lits, avec un économe et avec un médecin, un chirurgien et 3 élèves, un pharmacien et un élève.

Ce qu'était l'établissement huit ans après son ouverture, nous en avons un aperçu dans le rapport de Camus, membre du Conseil général des hospices, sur le fonctionnement des hôpitaux

LE PASSAGE SOUS LE BÂTIMENT DE LENOIR

en l'an XI (1803) (1). L'église avait été abattue, la maison conventuelle transformée en salles de malades ; une partie de l'abbatiale avait été donnée aux employés et aux officiers de santé.

1. — *État actuel des bâtiments.* — En même temps, dit-il, que l'on destina l'abbaye de Saint-Antoine à faire un hôpital, on conçut le projet d'en augmenter les bâtiments pour accroître le nombre des lits. Les constructions avaient été commencées avant l'an IX ; elles étaient interrompues alors ; elles n'ont pas été reprises depuis, et la modicité des fonds accordés aux hospices ne permettra vraisemblablement pas de longtemps qu'on les reprenne. Il est affligeant de voir des murailles bien construites et disposées pour des édifices utiles devenir des ruines avant même qu'elles aient été achevées.

Tout ce que l'on a pu faire, en l'an X, a été de nettoyer la cour de décombres qui y étaient entassés, et de placer en face du bâtiment principal la porte d'entrée qui était sur le côté, au fond d'une sorte de cul-de-sac. La cour a été plantée d'arbres.

(1) Arch. Ass. publ., E² 12, p. 44.

Un des deux étages du bâtiment conventuel est destiné aux hommes, au nombre de 80 ; l'autre aux femmes en pareil nombre. Dans l'abbatiale sont placés la lingerie, la pharmacie, le logement de l'agent de surveillance, celui du médecin et autres principaux employés. En achevant les bâtiments projetés, et en faisant quelques dispositions dans l'étage du rez-de-chaussée, on pourrait porter le nombre des lits à 300. La plus grande difficulté à vaincre dans cet hôpital est celle de se procurer de l'eau en abondance.

II. — *État personnel des malades, nombre et mortalité.* — Les malades sont placés sainement dans des salles bien aérées ; mais il n'y point de salles de convalescents. Les sexes ne sont point suffisamment séparés l'un de l'autre. Les promenoirs n'étant pas distincts, les hommes et les femmes se trouvent souvent réunis dans le cours de la journée. Les convalescents ont, dans cette maison, un avantage qu'ils ne trouvent pas ailleurs: une galerie couverte pour se promener.

Le nombre des malades est, comme on l'a dit, de 160 ; il devrait être, suivant la fixation portée au cahier des charges de l'an X, habituellement de 180 lits, et d'une réserve de 50. La mortalité a été, ainsi qu'on le voit par le tableau n° 12, de 1 sur 7 en l'an IX ; 1 sur 6 1 2 en l'an X ; 1 sur 4 dans les six premiers mois de l'an XI. Il ne faut jamais oublier les ravages particuliers que les maladies de l'hiver ont causés dans toute la ville aussi bien que dans les hôpitaux. — Le tableau n° 12 présente la composition de l'hôpital aux trois époques des 30 ventôse an X, dernier complémentaire an X et 30 ventôse an XI.

III. — *Administration et services intérieurs.* — Le service de l'hôpital Saint-Antoine a été fait par une des Compagnies d'entreprise jusqu'au 1ᵉʳ germinal an X. À cette époque, elle a été confiée au régime paternel, ainsi que les trois autres hôpitaux secondaires, Necker, Beaujon et Cochin. L'introduction du régime paternel a facilité, dans ces maisons, une police plus immédiatement soumise à l'Administration, plus exacte et plus régulière. Il est enjoint de faire porter, à tout malade ou convalescent, la robe de l'hôpital : des malades, qui venaient partager les revenus des pauvres, rougissaient de se voir confondus avec eux : on a écarté, par une sage uniformité, des personnes qui, sans être indigentes, trouvaient commode de vivre aux frais des pauvres, dans ces maisons où règne en général beaucoup de propreté, d'ordre, de soin, et où le petit nombre des individus permet un traitement meilleur que dans le grand hôpital de l'Hôtel-Dieu.

Les heures où le public est admis pour visiter les malades sont réglées, les portes sont fermées à dix heures du soir ; les infirmières et filles de service mangent ensemble en réfectoire ; elles sont vêtues aux dépens de l'hôpital: les employés supérieurs qui sont nourris doivent manger également en commun.

Le nombre des personnes que l'Administration emploie à l'hôpital Saint-Antoine, au 1ᵉʳ germinal an XI, est de 30, entre lesquelles est répartie la somme de 11,200 francs, indépendamment de la nourriture accordée à 24 de ces personnes.

IV. — *Économie et ordre de dépense.* — La dépense des bâtiments de l'hôpital Saint-Antoine, en l'an X, a été de 2,346 fr. 67 c. Il faut y joindre 2,640 francs pour le remboursement des réparations faites à la chapelle par le citoyen Servais. La contribution foncière, 6,051 fr. 70 c. La dépense du service intérieur a été, pour les six premiers mois de l'année pendant la durée de l'entreprise qui salariait les serviteurs, de 28,582 fr. 60 c. Pendant le dernier semestre, sous le régime paternel, où toutes le : personnes]employées étaient à la charge de l'Administration, la dépense a été de 21,359 fr. 81 c.

Le pain fourni à l'hospice est monté à 47,055 l. 12 d., faisant en argent, avec les frais de transport et fournitures de farines, 9,506 fr. 75 c.

Les objets de pharmacie, délivrés à la pharmacie centrale, 4,460 fr. 71 c.

Les traitements et appointements pour la partie des employés à la charge de l'Administration, pendant le premier semestre, pour tous les employés pendant le deuxième semestre, 8,949 fr. 88 c.

Les menues dépenses de tout genre, 3,450 fr. 26 c.

La part à la charge de l'hôpital dans les dépenses générales, 1,743 fr. 17 c.

La dépense totale pour l'an X est donc de 88,891 fr. 43 c., d'où il résulte : Que e nombre des journées de malades, pendant l'an X, étant de 54,102, la journée de malade revient à 1 fr. 64 c. (33 sols) ;

Que le nombre des journées en l'an X étant de 54,102, et le nombre des malades entrés à l'hôpital de 1,909, le séjour de chaque malade a été, l'un dans l'autre, de 28 jours 1 3 : et, par conséquent, la dépense commune de chaque malade, de 46 fr. 47 c.

LES NOUVEAUX BATIMENTS
COUR D'ENTRÉE (1906)

Camus avait d'ailleurs établi, pour l'hôpital Saint-Antoine, un règlement particulier daté du 24 germinal an X (14 avril 1802), dont voici le texte (1) :

Art. 1er.— La destination de l'hôpital Saint-Antoine est, au plus haut nombre, pour 150 individus malades, savoir :

Hommes alités 54
Femmes alitées 66
Hommes convalescents 12
Femmes convalescentes. 12
Hommes blessés. 4
Femmes blessées 2
                                                            ———
                                                            150

Les lits seront numérotés chacun selon la place à laquelle ils appartiennent.

Art. 2.— Il est absolument défendu d'intervertir la distribution portée par l'article précédent ; s'il ne se présente personne pour remplir les lits assignés à chacune des classes ils resteront vacants.

Art. 3.— L'agent de surveillance enverra chaque jour par la petite poste, au bureau central d'admission, l'état et le numéro des lits qui sont vacants dans chacune des classes. Lors de la confection de cet état, il réservera pour le cas prévu par l'article 2 du règlement du 13 frimaire an X, quatre lits d'hommes malades, quatre lits d'hommes blessés, quatre lits de femmes malades et blessées. Les lits de convalescents ne seront pas portés sur l'état.

---

(1) Règlements des hôpitaux et hospices civils de Paris, depuis l'installation du Conseil général créé le 28 nivôse an IX (17 janvier 1801). (Ms. des archives de l'Assistance publique. E 1 13.)

Art. 4.— Aucun individu ne pourra être gardé plus de dix jours dans les salles des convalescents.

Art. 5.— Il n'est accordé ni aux malades, ni aux blessés aucune permission de sortir. Cette permission est accordée aux convalescents, dans les trois derniers jours de la convalescence ; elle est donnée par l'officier de santé, visée par l'agent de surveillance.

Art. 6.— Il est défendu d'apporter du dehors aux malades aucun aliment ou boisson.

Art. 7.— Tout malade ou convalescent, hors de son lit, doit être revêtu de la robe de l'hospice. Il ne peut la quitter dans quelque lieu de la maison que ce soit. L'agent doit faire sortir de l'hôpital tout individu qu'il rencontre dans les salles et ailleurs, non revêtu de la robe de la maison.

Art. 8.— L'agent est personnellement responsable de la dépense qu'occasionneraient les personnes qui, ne devant pas être dans la maison, y logeraient ou y seraient nourries.

Art. 9.— Les malades convalescents blessés ne se promèneront point dans la cour, mais dans la partie du jardin qui leur est destinée.

Art. 10. — L'agent de surveillance prend les mesures nécessaires pour que l'on ne puisse communiquer des parties destinées aux promenoirs dans le surplus du jardin.

Art. 11. — Aucun linge ne pourra être séché dans les parties du jardin qui servent de promenoir aux malades.

Art. 12. — A dix heures du soir, la porte extérieure de l'hôpital est fermée, et les clefs sont portées à l'agent de surveillance.

Art. 13. — L'hôpital sera ouvert au public tous les jours, mais seulement depuis deux heures jusqu'à quatre on pourra converser avec les malades, soit dans les salles, soit dans les promenoirs.

Art. 14. — Il n'est fait, soit dans les salles de malades, soit dans celles des convalescents, aucun travail qui gêne les autres malades, ou qui cause de la malpropreté, comme des épluchages des graines, herbes, etc. Ces travaux peuvent se faire dans les chauffoirs communs.

Art. 15. — Les convalescents doivent passer au moins deux heures dans la journée, soit dans les chauffoirs communs, soit dans les promenoirs, afin d'aérer leurs salles pendant ce temps.

Art. 16. — Les infirmières ou filles de service mangent ensemble au réfectoire.

Art. 17. — Pendant le repas, une des infirmières ou filles de service reste dans les salles des hommes qu'elle parcourt successivement; une autre reste dans les salles des femmes, et les parcourt également.

Art. 18. — Un infirmier veille les hommes, une fille de service veille également les femmes. Les infirmiers en chef font des visites fréquentes pour s'assurer si les veilleuses remplissent leur devoir.

Art. 19. — Les personnes qui mangent en réfectoire, filles de service et convalescents, ne peuvent rien emporter du réfectoire.

Art. 20. — Il y a auprès de la porte d'entrée une salle destinée: 1° à recevoir les indigents qui se présentent pour recevoir la consultation gratuite des officiers de santé; ils sont admis, chaque jour, de 7 à 8 heures du matin; 2° à recevoir les personnes qui seraient suprises dans la rue d'un accident subit; elles sont déposées dans cette salle.

L'agent de surveillance prend les renseignements possibles sur leur état civil, l'officier de santé leur administre les premiers secours qu'exige leur état physique; elles sont transportées aussitôt après dans leur domicile, ou à l'un des hospices auquel doivent être reçues. Il y a pour cet effet à l'hôpital deux brancards toujours en état de service.

ART. 21 — L'état des surveillantes, infirmières, filles de service et hommes de peine dans l'hôpital Saint-Antoine, leur coucher, vêtement et nourriture, sont réglés dans le chapitre 28 du cahier des charges du 28 pluviôse an X.

Les surveillants en chef reçoivent trois tabliers blancs par décade, leur nourriture comme dans les autres hospices.

Les tables du réfectoire des convalescents, des infirmières, des garçons de peine sont couvertes d'une toile cirée et clouée, qui sera lavée avec une éponge, aussitôt après le repas.

ART. 22. — Toute personne de service qui rentrera prise de vin sera punie

la première fois, par la privation de sa ration de vin pendant trois jours, la deuxième fois pendant dix jours, et la troisième fois renvoyée sur-le-champ.

ART. 23. — Les infirmières auront soin d'entretenir la plus grande propreté dans leurs chambres et le corridor qui leur est destiné. Il leur est défendu de jeter par leurs fenêtres, ainsi que par celles des salles, aucune espèce d'ordure, et même de l'eau, à peine de privation de vin pendant le temps que l'agent de surveillance trouvera convenable.

ART. 24. — Tous les lits des femmes malades blessées, convalescentes, sont garnis de rideaux.

ART. 25. — Il y aura, pour supplément de fourniture dans l'hôpital, dix matelas, dix oreillers, dix couvertures blanches, dix robes.

Le Conseil d'administration, après avoir délibéré sur les articles proposés pour servir de règlement particulier à l'hôpital Saint-Antoine, les adopte, et arrête que le règlement sera mis à exécution, et fidèlement observé, à compter de ce jour.

Les débuts de l'établissement furent pénibles. Nous en avons un écho, en dehors du rapport de Camus que nous venons de citer, dans le rapport fait au Conseil général des hospices pour l'époque qui s'étend de 1804 à 1814, et attribué à La Rochefoucauld-Liancourt. Fondé au milieu du discrédit du papier-monnaie, l'hôpital ne put rien acquérir : à peine fut-il entretenu et conservé. Pour le meubler, on dut prendre le mobilier qui se trouvait encore dans les maisons supprimées de Picpus et de Saint-Mandé. D'ailleurs le nombre des lits était insuffisant pour la population ouvrière du faubourg. Pourtant le rapporteur n'hésite pas à dire : « Tel qu'il est, c'est un des plus beaux, des plus sains, des mieux distribués pour tous les services. »

L'administration « paternelle » fut substituée à l'entreprise, dès 1802, et diverses améliorations furent peu à peu apportées à l'état de l'établissement, autant que les fonds purent le permettre. Le nombre des lits fut porté de 160 à 250. Le mobilier, presque hors d'état de servir, fut renouvelé. Le linge, qui était insuffisant, fut remplacé et augmenté.

Les sœurs de Sainte-Marthe (1) furent appelées à l'hôpital par un arrêté du Conseil général des hospices du 4 décembre 1811, et elles prirent leurs fonctions le 1ᵉʳ janvier 1812. Le personnel de la maison se trouva composé de : 1 agent de surveillance, 1 économe, 1 sœur supérieure, 3 sœurs surveillantes des salles, 13 sœurs faisant fonctions d'infirmières, 2 veilleuses, 2 à la cuisine, 3 à la lingerie, 1 pour le service de la porte, et, d'autre part, 3 filles et 2 garçons de service, 1 commissionnaire, 1 garçon de magasin, 2 hommes de peine, 1 garçon et 1 chef pour la cuisine, 1 garçon de pharmacie et 1 portier : en tout 40 personnes, dont 25 hospitalières. Il y avait de plus 1 aumônier, 1 médecin en chef et 1 adjoint, 1 pharmacien, 3 élèves en médecine et en chirurgie, 1 élève en pharmacie.

Les 250 lits se composaient de 80 lits de médecine, 33 de chirurgie, 20 pour les convalescents pour les hommes, et, pour les femmes, 80 lits de médecine, 24 de chirurgie et 13 pour les convalescentes.

Arrivèrent les événements de 1814-1815 qui apportèrent le bouleversement dans tous les services (2). Il fallut, pour recevoir les

---

(1) Sur les sœurs de Sainte-Marthe, voy. Léon Séché, *les Derniers Jansénistes*, 1891, p. 99 à 102 ; les statuts de l'ordre avaient été approuvés par Napoléon en 1810.

(2) Voy. compte rendu par le Conseil général des hospices de ses établissements en 1814-1815 ; Paris, Huzard, 1815 (Arch. Ass. publ., E² 14).

blessés, installer des lits supplémentaires dans une vaste galerie. Parmi les 2.318 malades entrés en 1815, il y eut 355 militaires. La durée moyenne de séjour de chaque malade dans l'hôpital fut de 30 jours ; la moyenne des décès fut de 1 mort sur 4 en médecine, 1 sur 20 en chirurgie ; il faut ajouter qu'un grand nombre de malades étaient apportés à l'article de la mort. Cette même année 1815, 600 draps et 700 chemises furent enlevés de l'hôpital pour le service des hôpitaux militaires étrangers. Le médecin en chef était alors Prat, assisté de Kapeler, et de Beauchesne, chirurgien adjoint, avec 2 internes en médecine, 1 en chirurgie, 2 externes en médecine, 3 en chirurgie, 1 élève en pharmacie.

Les fonctions d'économe venaient d'être supprimées et confiées à la supérieure, sœur Saint-Hilaire.

D'autre part, l'aile commencée en l'an III avait été achevée : elle était destinée à recevoir les bains, les douches et la cuisine, e un vaste puisard avait été établi, dans un terrain vague hors de l'hôpital, pour y recevoir les eaux de lavage.

L'hôpital Saint-Antoine devait être de nouveau désorganisé lors de l'épidémie de choléra de 1832 qui ajourna les nombreuses réparations projetées à cette époque. Il fallut y établir un grand nombre d'élèves et d'infirmiers extraordinaires. La mortalité s'éleva à 47 % (1). Une autre épidémie de choléra, en 1849, fut également très meurtrière, puisque la mortalité des cholériques s'éleva à 55 %.

COUR D'ENTRÉE (1906)

Au cours du XIXe siècle, l'agrandissement de l'établissement, la construction de diverses annexes, permettront la création de nouveaux lits et de nouveaux services, suivant les exigences des découvertes scientifiques et les perfectionnements de l'outillage hospitalier.

Dès 1824, l'installation des sœurs de Sainte-Marthe dans l'ancien pavillon abbatial, où elles eurent leur noviciat, permit, en 1826, de convertir leurs anciens dortoirs en salles de malades. En 1834, la pharmacie fut installée dans un bâtiment reconstruit en 1829, et cette même année un service de mères nourrices malades fut organisé pour suppléer à l'insuffisance de celui de

---

(1) Voy. Rapport sur la marche et les effets du choléra-morbus dans Paris en 1832 ; Paris, Impr. royale, 1834 (Arch. Ass. publ., B^d 48).

Cochin. En 1839, un égout intérieur remplaça les puisards insalubres établis au début du siècle. En 1842, la cour d'entrée fut
pavée. En 1843, la grande galerie du bâtiment principal restée
inoccupée, sauf en 1815, fut convertie en une salle de chirurgie
contenant 40 lits ; la salle de bains fut agrandie
et une portion de terrain inculte transformée en
jardin potager. En 1844, un traitement externe
de la teigne fut institué (28 février). L'hôpital

**Transforma-
tions au
XIXe siècle**

comprenait alors 320 lits. Il retomba à 290 de 1850 à 1852, mais
remonta à 352 en 1854, par l'agrandissement du quartier des
nourrices porté à 44 lits, et par le déplacement de la chapelle qui
permit d'installer 24 lits nouveaux ; cette augmentation était devenue
urgente à la suite de la transformation de l'hôpital Sainte-Margue-
rite, rue de Charenton, en hôpital d'enfants sous le nom de Sainte-
Eugénie (Trousseau), ce qui privait le quartier de 324 lits d'adultes.

Cette extension était encore insuffisante. Un nouveau pavillon
construit de 1859 à 1861, et qui coûta 350.000 francs, plus
140.000 francs d'ameublement, donna 150 lits nouveaux. Un
2e pavillon, parallèle et symétrique au 1er, fut construit en 1862-
1863, avec le même nombre de lits. Ces deux pavillons formèrent
les 2 ailes qui, se détachant des deux extrémités des bâtiments de
l'horloge, se dirigent vers le Sud (1). D'autre part, l'hôpital s'était
agrandi par l'adjonction de terrains environnants achetés en 1835,
et il avait été clos de murs qui l'isolaient complètement.

Par suite de l'importance prise par l'hôpital, l'emploi d'économe, supprimé en 1815, fut rétabli en 1861, le nombre des
médecins fut porté à 6, le nombre des infirmiers et infirmières fut
également augmenté. En 1868, l'hôpital comptait 427 lits de médecine, 113 de chirurgie, 18 d'accouchements et 36 berceaux, soit en
tout 594 lits.

Vinrent les événements de 1870-71 qui nécessitèrent des agran-
dissements provisoires. Des tentes d'ambulances furent établies,
des lits supplémentaires pour les militaires blessés furent installés,
enfin 8 baraques en bois, renfermant 20 à 25 malades chacune,
furent construites le long de la rue Chaligny, et au milieu des
terrains vagues situés au Sud des bâtiments qu'on appelait
la « Savane ». L'établissement de ces baraques porta le nombre de
lits à plus de 700. Elles furent d'ailleurs maintenues et restaurées
en 1874. Des baraques pour varioleux, du système Poitrineau,
furent également élevées en 1880.

L'hôpital Saint-Antoine fut laïcisé le 1er août 1881 et les sœurs

---

(1) Voy. plan publié par **Husson** dans ses *Études sur les hôpitaux* (1862).

de Sainte-Marthe qui, en raison de leurs attaches jansénistes, n'étaient plus soutenues par l'autorité ecclésiastique et n'étaient plus en nombre pour assurer le service régulier des salles, furent sur leur demande remplacées par des surveillantes laïques.

De grands travaux furent encore entrepris à cette époque. Il faut citer en première ligne la construction du pavillon Moïana (1), dû à la générosité de M. Moïana, décédé le 27 décembre 1876, qui fit don à l'Assistance publique d'une somme d'un million pour la construction d'un pavillon portant son nom et l'entretien des malades (2), inauguré en avril 1886. M. Moïana, qui avait dans son testament, outre ce legs pour l'hôpital Saint-Antoine, fait des libéralités aux pauvres des 20 arrondissements de Paris, avait prescrit

La Fondation Moïana

LE PAVILLON MOÏANA ET LES LABORATOIRES DE LA FACULTÉ.

que la moitié du legs serait placée pour couvrir les dépenses du pavillon Moïana. Ces rentes s'élèvent aujourd'hui à 34.600 francs, représentant, outre la capitalisation et le fonds de réserve, l'entretien de 20 malades. Puis vint la reconstruction du service des bains et de la cuisine, engagée pour une somme de

(1) Voy. rapport de M. Lauth au Cons. de surv., 16 janvier 1879.
(2) Voy. Marescot du Thilleul, *les Bienfaiteurs de l'Assistance publique;* Paris, 1906, t. I, p. 655. Un buste en marbre blanc de M. Moïana figure dans ce pavillon.

515.926 francs au budget de 1880, et de 114.266 francs à celui de l'exercice 1881. Les cuisines furent terminées en 1883 et les bains en 1885. Enfin la construction, dans la partie occidentale du jardin du directeur, d'un vaste bâtiment destiné à loger les internes (1), qui avaient eu leurs chambres auparavant dans les anciens bâtiments de la communauté, et qui, à cette époque, n'étaient pas logés. Ce pavillon fut inauguré en 1887, en même temps que le pavillon Gosselin pour grandes opérations. Deux autres petites salles d'opérations commencées en 1887 furent inaugurées en 1889.

Dans le plan d'ensemble des grands travaux hospitaliers gagés sur le fonds d'emprunt de 45 millions (loi du 7 avril 1903), une somme de 1.800.000 francs fut réservée à des améliorations diverses et à de grosses réparations à l'hôpital Saint-Antoine (2). Les travaux furent mis à exécution dès le 25 août 1904, sous la direction de M. Fr. Renaud, architecte de l'administration. Ils ont consisté dans la construction d'une aile symétrique au bâtiment Andral ; de bâtiments pour le personnel ; la réinstallation de quelques services généraux (pharmacie, lingerie, magasins) ; la réfection du service des bains ; enfin la construction d'une usine de chauffage et d'éclairage, sur l'emplacement du chantier de la rue de Citeaux, pour remplacer l'ancienne usine de la maternité, affectée aux ateliers. Les nouvelles consultations de médecine et de chirurgie ont été ouvertes le 20 mars 1906, les logements du personnel occupés successivement de juillet à décembre 1906, l'usine mise en service le 1er septembre 1906, enfin les nouveaux locaux de la pharmacie et les nouvelles salles au début de 1907.

Les Grands Travaux hospitaliers

L'hôpital Saint-Antoine est limité par la rue Chaligny à l'Est, au Sud par le boulevard Diderot, à l'Ouest par la rue Crozatier et la rue de Citeaux. Son entrée principale est située au fond de la place de l'Hôpital-Saint-Antoine et porte le n° 184 de la rue du Faubourg-Saint-Antoine.

La superficie totale des terrains, y compris la fondation Moïana, est de 58,858 mq. 40. Ce n'est plus qu'une partie de l'ancien enclos de l'abbaye Saint-Antoine-des-Champs dont il occupe l'emplacement.

Ainsi que nous l'avons dit, le *bâtiment central* ou *bâtiment de l'horloge*, construit par l'architecte Lenoir, date de la fin du XVIIIe siècle (vers 1770).

---

(1) Rapport de M. Bourneville au Conseil municipal (22 mai 1882, n° 36).

(2) Voy. séances du Cons. de surv. des 14 janvier et 21 avril 1904.

Le rez-de-chaussée est occupé par 2 salles de chirurgie, les salles Dupuytren et Blandin, séparées par un large vestibule servant de passage ; chacune de ces salles est divi-

Description des bâtiments

sée en 2 parties, celle qui est au Midi représente les anciens logements de l'abbaye et celle qui est au Nord l'ancien cloître.

Les 2 étages supérieurs sont affectés au service de médecine (salles Louis et Marjolin, salles Magendie et Axenfeld). Les combles sont occupés par des dortoirs.

Les deux ailes symétriques, longues de 55 mètres et larges de 8 mètres, partant du bâtiment central, dans la direction Nord-Sud, sont celles qui ont été construites de 1860 à 1865, et dont l'architecture rappelle celle de Lenoir. Entre ces deux ailes se trouvent les préaux des malades hommes et femmes.

L'aile Est est occupée au rez-de-chaussée par les salles Broca et Cruveilhier, entre lesquelles se trouve une petite salle d'opérations bâtie en 1889, au 1er étage par les salles Bichat et Malgaigne, au 2e par les salles Aran et Broussais.

L'aile Ouest comprend, au rez-de-chaussée, les salles Velpeau et Lis-franc, avec une petite salle d'opéra-tions, au 1er étage les salles Barth et Chomel, au 2e étage les salles Rostan et Grisolle.

Une chaussée pavée et plantée d'arbres traversant les 2 préaux con-duit en droite ligne en passant devant les pavillons Littré et Damas-chino. baraquements en bois, au *pavillon Moïana*, construit en pierres

et en briques parallèlement au bâtiment central. Ce pavillon a 500 mètres de superficie ; il comprend un rez-de-chaussée, avec les salles Béhier et Bazin, un 1er étage, avec les salles Moïana et Vulpian (crèche) et des combles comprenant des chambres d'isolement et des petits logements.

C'est également dans cette partie de l'enclos de l'hôpital, à l'angle Sud-Est, que se trouve le *pavillon Gosselin*, ou pavillon des grandes opérations, composé d'un corridor central sur lequel s'ouvrent de chaque côté 7 pièces (salles d'opérations, labora-toire, dortoirs, chambres, bains, cuisine, logement de la sur-veillante).

En dehors de ces bâtiments qui forment l'armature de l'hôpital se trouvent de nombreuses constructions adventices, élevées suivant les nécessités de l'établissement.

Les plus importantes sont la cuisine, les bains, le bâtiment des internes, la maternité.

La *cuisine* (1) est située à l'Ouest le long du mur de clôture de l'hôpital, adossée à l'école des filles de la rue de Cîteaux ; elle comprend une paneterie, une salle pour la distribution du vin, une salle pour l'épluchage des légumes, la boucherie, 2 salles de dépôt pour les légumes secs et frais, une salle des conserves, le cylindre et un grand réfectoire ; la cuisine proprement dite possède deux grands fourneaux ayant chacun deux foyers.

Le *service des bains* est externe et interne ; il communique d'un côté avec la rue de Cîteaux, de l'autre avec l'intérieur de l'hôpital.

On donne à Saint-Antoine, pour les malades externes, des bains, douches, fumigations, ce qui rend de grands services à la population ouvrière du faubourg. On délivre en effet des bains sulfureux aux membres de certaines chambres syndicales ouvrières (peintres en bâtiments, fondeurs en caractères, en cuivre, doreurs, etc.). Ce service a été ouvert le 16 juillet 1885.

Le *bâtiment des internes* en médecine et pharmacie, inauguré en 1887 (2), se trouve dans une cour latérale de l'hôpital, à quelques mètres du mur séparatif des propriétés de la rue de Cîteaux.

Ce bâtiment long de 62 mètres comprend un rez-de-chaussée, occupé par les salles de garde, les bibliothèques, les salles à manger, les cuisines et quelques logements d'internes, un 1er étage, entièrement occupé par des logements d'internes, qui se composent d'un petit cabinet de travail et d'une chambre à coucher, et un 2e étage où se trouvent, outre les internes, quelques petits logements d'employés. La bibliothèque des internes en médecine compte actuellement 3.500 volumes et jouit d'une subvention municipale de 500 francs. Celle des internes en pharmacie possède plus de 500 volumes, et reçoit une subvention municipale de 100 francs.

La *maternité* a été ouverte le 7 avril 1897. Sa création avait été décidée, sur la proposition de M. Peyron, directeur de l'Assistance publique, à la suite d'un rapport de M. le docteur Millard, médecin des hôpitaux, au Conseil de surveillance (séance du 9 février 1893). Elle a été construite d'après les plans et sous la direction de M. Fr. Renaud, architecte, et de M. Kremer, ingénieur, pour les travaux techniques, sur un vaste terrain de 8.000 mètres de super-

---

(1) Rapport Levraud, 4 déc. 1880, sur la reconstruction des bains et de la cuisine.

(2) Voy. rapport Bourneville au Cons. mun. du 22 mai 1882 ; les projets de construction indiqués dans ce rapport ont été modifiés.

licie, situé au Sud-Ouest de l'hôpital, dont elle est séparée par des pelouses et des jardins. Elle s'ouvre rue Chaligny, et les femmes qui se présentent à la consultation y pénètrent sans passer par l'hôpital. Elle a la forme d'un quadrilatère ayant 58 mètres de large sur 69 de profondeur. Au centre des bâtiments est un jardin ayant environ 1.300 mètres de superficie.

Sur le côté Nord est un bâtiment consacré au service des femmes

infectées et entièrement isolé, à l'extérieur, des bâtiments réservés aux accouchées saines.

Les bâtiments qui constituent la maternité sont formés d'un rez-de-chaussée élevé de 6 marches au-dessus du sol ; le bâtiment d'entrée a seul un premier étage. Au-dessous du rez-de-chaussée est un vaste sous-sol éclairé, dans lequel sont les chambres de linge sale, les chambres de chauffe, les tuyauteries nécessaires à l'adduction, dans les diverses parties du service, de l'eau de source et de l'eau de rivière, de la vapeur d'eau, de l'électricité, de l'air chaud et froid, et à l'évacuation des eaux sales.

Les communications entre les différentes parties de la maternité sont facilitées par une galerie couverte, large de 2 mètres, qui côtoie les bâtiments sur les quatre faces du jardin. Des quatre bâtiments qui limitent ce jardin, celui du fond contient le service de l'accouchement ; le rez-de-chaussée du bâtiment d'entrée est attribué aux services généraux, au service des femmes enceintes, à la consultation externe, au service de l'enseignement ; le 1ᵉʳ étage est réservé au logement du personnel. Les bâtiments latéraux sont destinés aux femmes accouchées saines (1).

Enfin, de nouveaux bâtiments viennent d'être terminés, qui marquent actuellement la dernière étape des améliorations apportées depuis un siècle à l'hôpital Saint-Antoine : ce sont les nouveaux services de consultations, les logements du **Les Nouvelles Constructions (1904-1906)** personnel et les bureaux, et l'usine électrique qui ont été compris dans le plan d'ensemble des grands travaux, dotés sur l'emprunt de 45.000.000 de francs que la loi du 7 avril 1903 a mis à la disposition de l'administration hospitalière parisienne pour la réfection de son outillage. Les 1.800.000 francs réservés à Saint-Antoine comprennent, outre les nouvelles constructions, la réinstallation de divers services généraux (pharmacie, lingerie, magasins, ateliers, écuries, remises, surélévation du bâtiment de la pharmacie, service des bains). Ces travaux ont été effectués sous la direction de M. Fr. Renaud, architecte, et de M. Desbrochers des Loges, ingénieur.

L'entrée de l'hôpital est formée maintenant par un grand bâtiment à 5 étages, décoré d'un fronton dû au statuaire Boverie. Au rez-de-chaussée se trouve la *consultation de chirurgie*, composée d'une salle d'attente, d'une salle d'examen, du cabinet du chirurgien, d'une salle d'opérations avec 2 petites annexes pour le linge et les appareils, une salle de pansements hommes et une salle de pansements femmes, 2 petites salles avec chacune une pièce pour le déshabillage, enfin des water-closets et des lavabos.

Une cour intérieure sépare la consultation de chirurgie de la *consultation de médecine* qui se compose d'une salle d'attente sur laquelle donnent le cabinet de la surveillante et le cabinet de l'interne chargé de la sélection des malades ; ceux qui sont reconnus atteints de maladies contagieuses sont dans des boxes d'isolement. Un couloir conduit dans une salle d'examen sur laquelle donnent le cabinet du médecin, et 2 petites salles pour examens particuliers, hommes et femmes, avec 2 groupes de lavabos et de water-closets, un pour chaque sexe.

A gauche de la cour se trouve la *consultation* spéciale au *service dentaire*, comprenant des salles d'attente, d'examen, de pansement, d'opérations, d'appareils, et une salle de repos avec lits.

A côté de ces services de consultations, se trouvent les services

---

(1) Voy. la *Maternité de l'hôpital Saint-Antoine*, par P. Bar, accoucheur des hôpitaux ; Paris, Asselin et Houzeau, 1900.

administratifs comprenant : la *direction*, l'*économat* et les bureaux.

Le bâtiment de la direction, des bureaux, de la consultation de médecine et de la consultation dentaire n'a qu'un rez-de-chaussée. Celui de la consultation de chirurgie comporte, nous l'avons dit, cinq étages. Au 1er, se trouve l'appartement du directeur ; au 2e,

JARDIN DE LA MATERNITÉ

celui de l'économe ; au 3e, celui du pharmacien ; aux 4e et 5e, les appartements des employés. La partie droite des cinq étages est occupée par les chambres d'infirmières, au nombre de 120 ; chacune de ses chambres ouvre sur un couloir de dégagement et est munie d'un lavabo-poste d'eau.

Perpendiculairement au bâtiment de la consultation de chirurgie a été construit le bâtiment du personnel gradé, élevé également de cinq étages, et occupant l'emplacement de l'ancienne communauté. Le rez-de-chaussée contient 5, et chaque étage 6 logements, soit en tout 35 logements, se composant d'une entrée, de 2 pièces et d'une cuisine. Ce bâtiment a été mis en service à la fin de 1906.

A ces constructions nouvelles, il faut ajouter la réinstallation de quelques services généraux, la *pharmacie* (1), qui se trouve aujour-

---

(1) Dans les bureaux de la pharmacie se trouvent un mortier en bronze et son pilon fondus en 1613 et portant l'inscription suivante : *Hic pia pistillo tundantur pharmaca duro nec alii cuiquam nelis eat liceat.* Signé : CHRISTOPHORUS POTHOT.

d'hui dans les locaux de l'ancienne consultation de chirurgie, où existaient de vastes caves et dont le 1er étage a été surélevé, ce qui a permis d'y installer une nouvelle salle de malades de 24 lits (1); la *lingerie*, qui s'est annexée les anciens locaux de la pharmacie sous forme de vestiaire ; les *magasins,* agrandis au moyen d'une petite construction entre le bâtiment de la cuisine et celui des internes ; les *ateliers*, reconstruits le long du bâtiment des étuves municipales, du côté de la rue Chaligny, avec une matelasserie, une étuve à désinfection, un dépôt de linge sale ; les *bains*, dont les fondations, la tuyauterie, les peintures, etc., ont été refaites.

Enfin, la petite usine a été démolie et remplacée par une grande *usine électrique* capable de répondre aux besoins médicaux de l'hôpital et au service de l'éclairage (2) 2.000 lampes et prises). Elle se compose :

1° D'une salle des chaudières comprenant 3 chaudières semi-tubulaires de chacune 90 mètres carrés de surface de chauffe ;

2° D'une salle de machines comprenant 2 moteurs à vapeur, système Corliss, pouvant marcher à volonté, à condensation ou à échappement libre, de 60-90 chevaux, et d'un moteur à détente variable par le régulateur de 25-35 chevaux marchant à échappement libre ;

3° D'un atelier et d'une salle des accumulateurs.

L'échappement libre des 3 moteurs peut être employé à chauffer l'eau des réservoirs des bains.

Le courant électrique est fourni par trois dynamos, deux de 60 kilowatts et une de 20 kilowatts. Une batterie d'accumulateurs de 350 ampères-heures permet de fournir le courant pendant l'arrêt des moteurs.

Les chaudières, en outre du service des moteurs électriques, donnent la vapeur nécessaire au chauffage et aux appareils spéciaux de la maternité, aux stérilisateurs d'eau et aux autoclaves du service de chirurgie, au fonctionnement du stérilisateur central à pansements et à l'étuve à désinfecter.

Les laboratoires de l'hôpital Saint-Antoine sont subventionnés depuis longtemps par le Conseil municipal. Dès le 1er avril 1893, une subvention de 2.000 francs était accordée **Laboratoires** à M. le docteur Hayem, puis, le 1er janvier 1894, deux autres subventions de 2.000 francs à MM. les docteurs G. Bailet et Gaucher ; en 1895, 1.800 francs à M. le docteur Blum ; en 1896, 1.500 francs à M. le docteur Monod.

En 1909, les subventions ont été réparties ainsi : MM. Jacquet.

---

(1) Voy. pr.-verb. du Cons. de surv. du 5 avril 1906.
(2) Voy. pr.-verb. du Cons. de surv. du 21 avril 1904.

2.000 fr.; Lermoyez, 2.000 fr.; Lejars, 1.500 fr.; Mathieu, 1.500 fr.; Vaquez, 1.800 fr.; Mosny, 1.800 fr.; Le Noir, 1.000 fr.; Béclère, 1.000 fr.; Doléris, 1.500 fr.

Le laboratoire de M. le docteur Jacquet comprend trois très petites pièces annexes de deux pièces un peu plus grandes où se tient la policlinique dermato-syphiligraphique. Il s'y fait de très nombreuses recherches d'histochimie biologique et de stomatologie appliquée à la dermato-syphiligraphie.

Le laboratoire de M. le docteur Lermoyez occupe une pièce au 1er étage du pavillon de laryngologie ; le chef de laboratoire est le docteur Aubertin. On y a fait, en 1909, 178 recherches microscopiques.

Le laboratoire de M. le docteur Lejars (chef. M. le docteur Rubens-Duval) comprend une pièce au rez-de-chaussée.

Le laboratoire de M. le docteur Mathieu (chef, docteur Laboulaye) comprend une installation provisoire dans les bains de l'établissement, ainsi qu'une petite pièce à côté de la salle Chomel. En dehors de la subvention de 1.500 francs, M. le docteur Mathieu, à qui appartiennent la plupart des instruments de son laboratoire, rémunère un assistant, le docteur Roux, et un chimiste, le docteur Taillandier.

Le laboratoire de M. le docteur Vaquez occupe un baraquement (chef de laboratoire, docteur Laubry). Il est destiné aux recherches courantes et forme le complément de la consultation spéciale des maladies de cœur. M. le docteur Vaquez a présenté, avec ses élèves, des travaux importants à la Société de biologie, à la Société médicale des hôpitaux, à la Société de l'internat.

Le laboratoire de M. le docteur Mosny occupe une pièce au 1er étage du bâtiment central (chef de laboratoire, docteur Beaufumé). Il s'y fait des recherches afférentes au diagnostic clinique, tels qu'examens bactérioscopiques de crachats, du sang, sérodiagnostics de la fièvre typhoïde et, d'autre part, des études systématiques de pathologie humaine qui donnent lieu à des publications aux sociétés savantes, mémoires dans les revues scientifiques, thèses, ouvrages didactiques (1).

Le laboratoire de M. le docteur Doléris, qui a remplacé M. le professeur Bar, a conservé la subvention de 1.500 francs dont il jouissait à Boucicaut (chef de laboratoire, docteur Durante).

Le laboratoire de M. le docteur Le Noir, qui occupe une pièce installée depuis 1907, jouit d'une subvention de 1.000 francs à laquelle s'ajoute une contribution du chef de service (chef de laboratoire, docteur Courcoux). On y fait principalement des

---

(1) M. Mosny publie chez J.-B. Baillère en fascicules un *Traité d'hygiène.*

analyses et des recherches sur les maladies de la nutrition, les intoxications et les maladies professionnelles ; un chimiste. M. Carpentier, ancien interne en pharmacie, y travaille avec les internes et externes.

Il existe enfin divers laboratoires non subventionnés.

Le laboratoire de M. le docteur Claude occupe une pièce au 3° étage de l'aile gauche du bâtiment neuf.

M. Siredey occupe depuis 1895 une pièce au 1er étage de l'aile gauche : il a pour chef de laboratoire M. le docteur Lemaire.

Le laboratoire de M. le docteur Béclère (chef de laboratoire,

Radiologie et radiothérapie

M. le docteur Rist comprend deux services distincts, un petit laboratoire d'anatomie pathologique et de bactériologie et un laboratoire de radiologie médicale, beaucoup plus important, fondé il y a huit ans à l'hôpital Tenon et transporté à Saint-Antoine en 1904. M. le docteur Béclère a fait les frais de presque tous les instruments, et l'administration, sur ses crédits, a contribué au fonctionnement de ce laboratoire qui n'avait jamais reçu de subvention municipale avant 1908.

Ce laboratoire sert à l'examen et au traitement des malades : c'est en même temps un centre de recherches scientifiques et d'enseignement. Une grande partie des postulants au sanatorium Villemin sont examinés dans ce laboratoire, ainsi que des malades envoyés par les chefs de service des autres hôpitaux ou les médecins des bureaux de bienfaisance.

La radiothérapie s'applique depuis 5 ans aux dermatoses diverses, aux lupus et autres manifestations externes de la tuberculose, aux cancers, aux hypertrophies ganglionnaires, etc., sous la direction des docteurs Belot et Haret nommés préparateurs par arrêté du 21 juin 1905.

De nombreuses publications sont faites par le chef de service et ses collaborateurs qui ont également organisé un enseignement libre de radiologie médicale et un musée comprenant 150 pièces ou moulages.

Enfin, il existe à Saint-Antoine un laboratoire central de

Radiographie

radiographie qui occupe depuis 1903 deux pièces prises au dispensaire municipal du 12° arrondissement. Le chef de laboratoire est M. le docteur Leray. Le chiffre des clichés préparés par ce laboratoire atteint un total de 2.000 par an.

Au cours des récents travaux, les ouvriers ont mis à découvert, en 1606, la première pierre des bâtiments du logis abbatial, reconstruits par l'abbesse Marie Bouthillier, en 1643, mais qui furent pillés quelque temps après sous la Fronde, à la fameuse journée de Saint-Antoine, le mardi 2 juillet 1652, dans la rencontre des troupes de Turenne et de Condé [1].

Déjà, en 1904, on avait trouvé des sarcophages et divers vestiges [2]. Ils appartiennent à l'ancienne église **Inscriptions mises au jour (1904-1906)** abbatiale, restaurée et décorée vers 1775, qui avait été d'abord, à la suppression de l'abbaye, comprise dans l'organisation des paroisses de Paris, créée par la loi du 4 février 1791, puisqu'il fut vendue le

PREMIÈRE PIERRE DU LOGIS ABBATIAL, POSÉE PAR MARIE BOUTHILLIER

3 vendémiaire an V [24 septembre 1796] et démolie. Un certain nombre des épitaphes gravées sur les tombes des abbesses qui avaient été inhumées dans l'église, dans le chapitre ou dans le cloitre, nous ont été conservées [3]. Ainsi, un passé, vieux de huit siècles, s'est évoqué au milieu des transformations où se sont appliquées les données les plus récentes de la science et de l'hygiène.

---

[1] Cette pierre porte l'inscription suivante : « Pozé par Mme Marie de Bragelonne, en présence de Mme Marie Bouthillier, abbesse de céans, du règne de Louis XIIII, 1643 ». Voy. pr.-verb. de la Commission du Vieux-Paris du 10 nov. 1906.

[2] Pr.-verb. de la Commission du 10 nov. 1904, p. 224.

[3] Voy. Raunié, *Épitaphier du Vieux-Paris* ; Paris, Impr. nat., 1890, t. I, p. 127.

LES SERVICES HOSPITALIERS

A SAINT-ANTOINE (1910)

Médecine :

M. Hayem, professeur de clinique médicale ; salle Béhier et Bazin (H.), salles Moïana (F.) et Vulpian (crèche) ; chambres isolées, 8 lits ;

M. Siredey, salles Bichat et Malgaigne (F.), salle Brouardel (H.) (consultations pour les maladies des femmes (gynécologie médicale), le mardi et le samedi, à 9 heures) ;

M. Vaquez, salles Lorain et Littré (H), salle Damaschino (F.) (consultations pour les maladies du cœur, le jeudi, à 9 h. 1/2) ;

M. Le Noir, salles Axenfeld (H.) et Andral (F.) (consultations pour les maladies du tube digestif, le mercredi, à 9 h. 1/2) ; le 1er dimanche de chaque mois, à 9 heures, consultations spéciales pour les maladies professionnelles (intoxications) ;

M. Lermoyez, salle Itard (H.), salle Isambert (F.) (consultations pour les maladies du larynx, du nez et des oreilles, les mardi, jeudi, samedi, à 9 heures) ;

M. Mosny, salle Louis (H.), salle Nélaton (F.) ;

M. Béclère, salles Magendie (H.) et Grisolle (F.) ;

M. Jacquet, salles Aran et Broussais (H.), salle Rostan (F.) (consultations pour les maladies de la peau, les mardi et samedi, à 10 heures) ;

M. Mathieu, salles Barth (F.) et Chomel (H.) (consultations pour les maladies de l'estomac).

Chirurgie :

M. Lejars, salles Broca et Blandin (H.), salle Cruveilhier (F.) (consultations de gynécologie, le mercredi, à 9 heures) ;

M. Ricard, salles Dupuytren et Velpeau (H.), salle Lisfranc (F.) (consultations de gynécologie, les lundi et jeudi, à 9 heures) :

Pavillon Gosselin pour les grandes opérations, 10 lits (attribué aux deux chirurgiens).

Maternité :

M. Doléris, accoucheur :

M. Funck, accoucheur des hôpitaux, suppléant ;

Consultations, mardi et vendredi, à 9 heures ;

Consultations de nourrissons, le mercredi, à 9 heures.

Cours annexes de clinique :

MM. Hayem et Siredey, médecins :

MM. Lejars et Ricard, chirurgiens.

M. Doléris, accoucheur.

Consultations de médecine :

M. Ramond, médecin des hôpitaux ;
M. Faure-Beaulieu, suppléant.
Tous les jours, à 9 heures.

Consultations de chirurgie :

M. Viart, chirurgien des hôpitaux :
M. Lemaitre, suppléant.
Tous les jours, à 9 heures.

Consultations d'oto-rhino-laryngologie.

(Voy. supra.)

Consultations d'ophtalmologie :

M. Dupuy-Dutemps.

Radiologie et radiothérapie :

M. Béclère :
MM. Haret et Belot (J.), préparateurs.

Laboratoire central de radiographie :

M. Leray, chef du laboratoire :
M. Guède, préparateur.
Tous les jours, de 9 heures du matin à 5 heures du soir.

Pharmacien :

M. Héret.

Dentiste :

M. Richer.
Consultations externes, mardi et vendredi, à 9 heures.

Le budget de l'hôpital Saint-Antoine (1901)

SOUS-CHAPITRES	DÉPENSES	DÉTAIL DES DÉPENSES	DÉTAIL des SOUS-CHAP
Personnel administratif	23.500	Traitements des chefs et employés de bureau	23.500
		Indemnités diverses et dépenses accessoires.	1.500
Impressions, frais de bureau, d'adjudications et de poste	1.700	Frais de bureau, d'adjudications et de poste	1.700
		Affranchissement des lettres écrites par les pensionnaires des hospices	"
Frais de cours, de concours et d'écoles	250	Frais de cours et de concours	"
		Bibliothèques pour les malades	"
		Musées	"
		Bibliothèques médicales des hôpitaux et hospices	250
		Écoles d'enfants arriérés	"
		Écoles municipales d'infirmiers et d'infirmières laïques, cours pratiques et cours primaires	"
Frais pour diverses exploitations	9.500	Cultures, vacheries, porcheries et basses-cours	
		Ateliers de couture, cordonnerie, vannerie, brosserie et imprimerie	
		Cantines	9.500
Personnel médical	94.338	Indemnités fixes	53.200
		Dépenses accessoires	41.138
Personnel hospitalier	255.000	Personnel attaché au service des administrés	217.890
		Personnel professionnel fixe	1.300
		Dépenses accessoires	35.810
Personnel ouvrier	106.000	Personnel à la journée	94.875
		Dépenses accessoires	11.125
Réparations de bâtiments	31.500	Travaux d'architecture, entretien normal	16.500
		Travaux techniques, entretien normal	15.000
Service de la Pharmacie	44.000	Achats par les établissements	2.900
		— l'intermédiaire de la Pharmacie centrale	41.100
Boulangerie	35.000	— par les établissements	"
		Dépenses par la Boulangerie centrale	35.000
Boucherie	137.750	— par les établissements	"
		— par la Boucherie centrale	124.950
		Achat de viande de cheval	12.800
Cave	30.000	Dépenses par les établissements	12.500
		— par la Cave centrale	17.500
Comestibles	210.000	— par les établissements	7.000
		— de lait	98.000
		Denrées provenant des exploitations	"
		Dépenses par l'Approvisionnement des Halles	76.700
		— par le Magasin central	25.500
		— par la Pharmacie centrale	2.800
Chauffage, éclairage	130.000	par les établissements	16.000
		— par le Magasin central	114.000
Blanchissage	6.500	— par les établissements	6.500
		— par le Magasin central	"
Coucher, linge, habillement, mobilier	95.000	Dépenses par les établissements. (Coucher, linge, habillement	7.000
		Mobilier	23.000
		Dépenses par le Magasin central (Coucher, linge, habillement	41.000
		Mobilier	24.000
Appareils, instruments de chirurgie et objets de pansement	110.000	Achats directs par les établissements	53.000
		Achats par l'intermédiaire du Magasin central	34.100
		Dépenses par la Pharmacie centrale	900
		Emploi des subv. municipales pour laboratoires	22.100
		Service d'électrothérapie	"
Frais de transport	10.000	Dépenses par les établissements	8.900
		— par le Magasin central	1.100
		Réserve pour achat de chevaux et rations supplémentaires	"
Eaux, salubrité, vidanges et divers	45.000	Eaux	31.000
		Salubrité	13.400
		Abonnement avec les paroisses	600
	1.411.038	Totaux	1.411.038

Population et mortalité à l'hôpital Saint-Antoine
An XI-1908

Années	Malades existants au 1er janvier	Malades entrés		Malades sortis ou guéris		Morts		Mortalité (1 sur)		Mortalité moyenne	Malades restant au 31 décembre
		Médecine	Chirurgie	Médecine	Chirurgie	Médecine	Chirurgie	Médecine	Chirurgie		
An XI	189	1.788		1.418		109			»	1.12	27
1810	190	2.180		2.701		109			»	5.85	182
1815	210	1.808	750	1.181	718	88	5	1.02	20.11	5.17	207
1820	235	2.821		2.520		179					235
1825	208	3.016		2.580		192			»	13.07	173
1830	212	2.631		2.231		198			»	7.21	211
1835	213	3.158		3.006		122			»	5.01	273
1840	255	2.716	623	2.413	671	192	13	7.31	17.98	8.37	272
1845	321	3.196	1.237	3.119	1.202	300	42	9.32	31.81	11.41	262
1850	218	3.090	908	3.375	868	310	19	11.89	18.71	12.68	211
1855	311	1.919	813	1.331	758	618	58	7.66	13.93	8.18	273
1860	308	1.791	1.041	1.255	973	510	59	8.82	17.20	9.65	315
1865	336	8.345	1.693	7.188	1.540	1.178	139	7.02	11.72	7.52	310
1870	315	8.012	1.825	7.140	1.177	1.582	201	5.66	6.21	5.19	192
1875	651	6.005	2.107	5.585	2.029	1.001	149	6.22	11.17	7.23	601
1880	657	8.373	2.121	6.002	2.002	1.157	112	5.75	14.69	6.56	608
1885	638	6.623	1.631	5.596	1.798	1.101	133	5.96	11.14	6.81	601
1890	883	10.158	3.005	9.236	2.870	1.282	127	8.07	23.10	9.12	831
1895	866	9.280	3.255	8.026	3.081	1.302	103	6.63	16.42	7.82	863
1900	1.015	11.225	4.125	12.771	3.898	1.503	236	10.20	16.51	9.81	891
1905	815	10.119	4.977	8.853	4.005	1.021	158	6.20	14.22	7.83	745
1906	745	11.345	5.228	9.521	4.033	1.719	200	6.31	18.11	7.81	855
1907	855	9.886	7.673 (maternité comprise)	8.302	7.11	1.620	119	5.01	16.41	8.18	932
1908	932	9.290	7.620	7.791	7.121	1.588	151	5.60	16.07	8.18	949

Les dépenses et le prix de la journée par malade à l'hôpital Saint-Antoine

An XI-1908

Années	Dépenses ordinaires de l'hôpital	Journées de malades		Séjour moyen		Prix de la journée	Nombre de lits	Dépense de chaque lit	Dépense moyenne de chaque malade
		Médecine	Chirurgie	Médecine	Chirurgie				
	fr. c.					fr. c.		fr. c.	fr. c.
An XI .	91.349 06	46.520		24 jours 91/100		2 03	»	» »	50 56
1810. .	134.290 84	61.057		27 — 79/100		2 19	167	804 12	61 12
1815. .	152.118 81	76.137		32 — 74/100		1 99	»	» »	» »
1820. .	152.802 74	87.713		31 — 35/100		1 74	»	» »	» »
1825. .	112.345 58	83.092		26 — 96/100		1 71	228	624 32	46 36
1830. .	184.062 68	87.647		33 30		2 10	240	766 93	69 93
1835. .	149.723 91	97.022		27 98		1 53	268	556 43	42 91
1840. .	171.078 12	78.903	20.483	28 85	28 57	1 72	272	634 17	19 73
1845. .	210.220 83	70.263	31.271	22 53	27 55	1 85	341	675 97	11 36
1850. .	186.232 74	72.204	20.776	19 59	22 66	2 »	255	730 32	41 18
1855. .	255.387 85	95.008	21.134	19 13	26 52	2 19	319	860 59	13 15
1860. .	248.071 77	93.010	21.550	19 51	21 23	2 17	313	791 48	43 »
1865. .	483.202 92	165.836	33.084	20 03	20 66	2 41	546	884 99	48 75
1870. .	571.879 34	102.928	40.141	19 13	24 78	2 83	556	1.033 95	56 76
1875. .	617.770 14	180.653	57.016	27 38	26 41	2 59	654	918 96	70 57
1880. .	891.896 29	202.216	54.377	24 13	26 65	3 17	701	1.272 32	86 05
1885. .	839.162 77	177.600	60.289	27 66	32 05	3 52	652	1.287 05	99 36
1890. .	965.259 73	236.952	55.512	22 88	19 08	3 30	801	1.205 06	72 73
1895. .	1.022.512 82	248.393	67.423	26 90	21 26	3 23	865	1.182 09	82 12
1900. .	1.343.501 51	290.503	66.086	20 58	16 95	3 72	977	1.358 30	73 65
1905. .	1.403.401 42	225.070	75.658	22 03	15 87	4 63	824	1.691 46	93 02
1906. .	1.535.111 79	215.946	72.905	22 35	11 91	4 63	866	1.761 56	96 81
1907. .	1.641.476 80	236.103	100.512	24 63	11 54	4 79	899	1.748 11	97 06
1908. .	1.640.002 67	232.816	112.527	26 13	15 41	4 76	899	1.739 76	101 52

— 39 —

Les consultations données à l'hôpital Saint-Antoine

(1898-1908)

ANNÉES	MÉDECINE	CHIRURGIE	TOTAL
1898.	13.488	39.453	52.941
1899.	16.334	41.558	57.892
1900.	15.237	39.871	55.111
1901.	17.854	37.975	55.829
1902.	14.636	47.875	62.811
1903.	15.025	45.235	60.260
1904.	14.757	42.387	57.111
1905.	15.854	47.695	63.549
1906.	17.791	54.201	71.908
1907.	34.138	46.017	80.155
1908.	19.689	48.426	68.115

Les consultations spéciales en 1908

Oto-rhino-laryngologie (Dr Lermoyez) 30.750

Maladies de la peau (Dr Jacquet) 2.530

Gynécologie. . . . . ⎰ Dr Lejars . . . . ⎱ 2.510
　　　　　　　　　　　　⎱ Dr Siredey . . . . ⎰

Consultation dentaire 2.325

Maladies du cœur (Dr Vaquez) 1.300

Maternité (femmes enceintes et nourrissons) 2.865

Maladies de l'estomac . . . . . . ⎰ Dr Mathieu . . . . 5.000 ⎱ 5.792
　　　　　　　　　　　　　　⎱ Dr Le Noir . . . . 792 ⎰

Ophtalmologie 754

Le personnel hospitalier de Saint-Antoine

Services généraux

SERVICES	Surveillants		Suppléants		...gar... et ...filles		Garçons et filles de service		Garçons d'amphithéâtre...		Femme de concierge	Personnel à la journée	
	H.	f.	H.	f.	H.	f.	H.	f.				H.	f.
1 Service de la loge	[illegible]		[illegible]		[illegible]		[illegible]				[illegible]	[illegible]	
2 Bureaux													
.. Cuisine													
.. Pharmacie													
.. Lingerie													
.. Magasins et caves													
.. Service des morts													
.. Dépôt de linge sale													
.. Buanderie													
10 Vestiaire général													
11 Étuve à désinfecter													
12 Salubrité													
.. Chantier													
.. Machinerie													
.. Camions													
.. Bennes et ...													
.. Ateliers													
.. Cordage de ...													
.. Hydrothérapie													
.. Jardinage													
21 Ramoneurs de ...bon													
22 Équipe de peintres													
Totaux	[illegible]		[illegible]		[illegible]		[illegible]				[illegible]	[illegible]	

Services des malades

CHEFS de service	NOMS des salles	Nombre de lits (traitements)		Surveillantes	Suppléantes	Panseurs et panseuses	Premières infirmières	Infirmières	Personnel servant		Nourrices	Service de veille non gradées (Surg.)				Total
		H.	C.						H.	f.		H.	f.	H.	f.	
M.M.	Médecine															
Hérard	Béhier / Moïano	[illegible]														
Potain	Magenaie / Grisolle															
Moissenet	Louis / Nélaton															
Le Noir	Axenfeld / Andral															
...	Marjolin / Roux															
Siredey	Brouardel / Béchat															
...	Aran-Broussais / Rostan															
Mauriac	Chauffard / Barth															
Vulpian	Littré / Loreau															
...	Consult. de Médecine															
	Chirurgie															
Lefort	Broca / Cruveilhier															
Ricard	Dupuytren / Lisfranc / Gosselin															
Lannelongue	Laryngologie															
Tarnier	Maternité															
Manet	Consult. de Chirurgie															
Passy-Duchamp	Ophtalmologie															
Total		[illegible]	[illegible]													[illegible]
Personnel gradé de veille																
Service des remplacements (Jour / repos hebdomadaire) Veille																
Totaux		[illegible]														[illegible]

1 Et 80 berceaux.
2 Dont 6 d'isolement.

Médecins (suite de gauche)

Années	Médecins					
An IV	Jacques.					
An X	Guilloneau					
An XI	Leclerc.					
1802						
1805						
1806	Prat.					
1812						
1813						
1816						
1817						
1818						
1819			Prat, hon.			
1821	Kapeler	Luillier.				
1823	Guérard.	Rayer.	Mailly.			
1832						
1833						
1835			Trousseau.			
1840	Kapeler.	Guérard.	Devergie.			
1841			Piédagnel.			
1842						
1845						
1846		Bazin.	Grisolle.			
1849		Beau.				
1851		Monneret.	Noel Gué- neau de Mussy.	Vernois.		
1853		Bouley.				
1854	Barthez de Marmorières.	Becquerel.	Bourdon.			
1855	Hérard.					
1856	Oulmont.	Aran.	Moutard- Martin.			
1857	Bergeron					
1859	Boucher de la Ville- Jossy.					
1860			Lasègue.			
1862		X. Richard.	Bernard.	Woillez.		
1863			Axenfeld.	Goupil.		
1864					Lorain.	
1865				Potain.		
1866				Millard.		
1867	Laboulbène	Jaccoud.				
1868		Bucquoy.				
1869	Besnier.		Desnos.		Guillot.	
1870	Siredev.	Isambert.	Goumbault.			
1872	Raynaud.				Cadet de Gassicourt.	Féréol.
1873	Dumont- Pallier.					Péter.
1874		Paul.	Proust.		Blachez Moland.	Brouardel.
1875						
1876	Lancereaux					
1877			Hall.		Beaumetz.	Féroet.
1879	Cornil.	Hayem.	Rigal.			Huguet.
1880						
1881	Dieulafoy.		Hallopeau.			D'Heilly. Gouraud.
1883						
1884			Landrieux.		Tenneson.	Sevestre.
1887	Hanot.				Moutard- Martin.	Raymond. Hutinel.
1888						Tapret.
1890		Brissand.			Latulle.	Méridjen.
1898	Hayem.	Brissand.	Ballet.	Gaucher.	Siredev. (1899)	Lermoyer. Gaillard.
1900		Béclère.				
1902			Mathieu.	Mosny.		Le Noir.
1906						
1907						
1908						
1909						
1910						

Médecins (droite), Chirurgiens, Accoucheurs, Dentistes, Pharmaciens

Années	Médecins			Chirurgiens			Accoucheurs	Dentistes	Pharmaciens
An IV				Brasdor.					Lépin.
An X									
An XI									
1802				Thillaye.					Morisset.
1805									Bimt.
1806									Bernardet.
1812									Thierry.
1813					Beauchène adj.				
1816				Beauchène	Thillaye, hon.				Dupuy. Bataille.
1817									
1818									Tussard.
1819									
1832				Bérard.					Bouchardat
1833									Mialhe.
1835									
1840									
1841									
1842					Malgaigne. Nélaton.				Fordos.
1845									
1846									
1849									
1851					Chassaignac.				
1853									
1854				Richet.					
1855									
1856									
1857				Morel-La- vallée.					Joole.
1859									
1860	Mesnel.			Jarjavay.					
1862					Béraud.				
1863					Baucher. Foucher.				
1864				Broca.					
1865									
1866									
1867				Dolbeau	Panas.				
1868				Tillaux.	Labbe.				
1869					Péan.				Patrouillard
1870									
1872				De Saint- Germain.	B. Anger.				
1873				Duplay.					
1874									
1875									Lestré
1876				Meunier.					
1877				Le Dentu. Perier.					
1879									
1880									
1881					Terrier. Delens.				
1883									
1884									
1887	Giugeot.			Monod.					
1888		Strauss,			Peyrot.				
1890		Brissaud,			Marchand.				
1898	Gilles de la Tourette.				Blum.		Bar	Gaillard.	
1900									
1902	Jacquet.	Vaquez.	Thuinot.	Lejars.	Ricard.				Héret.
1906									
1907			Triboulet.						
1908			Legry.				Doléris.	Rousseau. Richer	
1909			Claude						
1910									

Le personnel administratif de l'hôpital Saint-Antoine

ANNÉES	DIRECTEURS	ÉCONOMES	ANNÉES	DIRECTEURS	ÉCONOMES
An IV. .	»	Fay.	1874. . .	»	Labouyrie.
An VII .	Gibergues .	»	1881. . .	Valdruche .	»
An XI. .	Soyer . . .	Genois.	1882. . .	»	Juge.
1805. . .	Carrier. . .	»	1885. . .	»	Guillaume.
1814. . .	Bugnon . .	»	1886. . .		
1815. . .			1887. . .	Montagne .	Husson.
1832. . .	Gastebois .	»	1888. . .		
1842. . .	Blandet . .	»	1889. . .	Joret. . . .	»
1847. . .	Paillard . .	»	1890. . .	Verdavaine.	»
1862. .	Marx. . . .	Francière.	1892. . .	Mulheim. .	Aubert.
1863. . .	»	Robert.	1894. . .	»	Eloy.
1865. . .	»	Martin.	1898. . .	»	Orbecchi.
1866. . .	Matouillot .	Chrétien.	1899. . .	»	Annedouche.
1868. . .	»	Bayle.	1901. . .	Bru Paul .	»
1870. . .	Guy	»	1904. . .	»	Jordy.
1871. . .	»	Paquette.			
1872. . .					

ANNEXE

*MÉMOIRE sur la situation actuelle des hospices de malades de
la Ville de Paris comparée avec celle où ils étaient avant la
Révolution et sur les moyens de leur procurer tous les avantages de salubrité et de localité qui leur sont reconnus indis-
pensables, par Clavareau (1), architecte des hospices civils (2).*

Lu à la séance de la Commission administrative des hospices civils du
28 germinal an 8.

La nécessité toujours reconnue de diminuer le nombre si considérable de
malades qu'on était obligé de recevoir à l'Hôtel-Dieu dicta le décret par
lequel la Convention nationale ordonna que le nombre des
grands établissements hospitaliers serait augmenté et
que les petits établissements si multipliés qui offraient
peu de ressources et employoient une infinité de petites
administrations qui n'étaient favorables qu'aux protégés
de quelques riches Directeurs de conscience seroient entièrement supprimés.
Les hôpitaux de Paris qui étoient en 1790 au nombre de 32 furent donc
réduits à celui de 22, comme ils sont actuellement.

**Hospice de l'Est
Fauxbourg
Saint-Antoine**

Une loi du 28 nivôse an 3 prescrivit de mettre les hôpitaux susceptibles
d'augmentation en état de recevoir un plus grand nombre de lits et de former
des hôpitaux de la ci-devant Abbaye Saint-Antoine et de la maison dite hospice
de Beaujon ; je fus chargé de ces derniers établissements et les fis confectionner
d'après les ordres de la Commission des travaux publics.

Celui qui fut placé à l'Abbaye Saint-Antoine et nommé ultérieurement
l'hospice de l'Est est le dernier dont il me reste à parler dans ce mémoire ;
il complettera les quatre grands hôpitaux nécessaires pour la Ville de Paris
et qui seront entièrement suffisants pour ses besoins en ce genre ; je prends
pour base de cette assertion tant les feuilles de mouvement annuel des
malades traités à l'Hôtel-Dieu quand cet hôpital étoit le seul de Paris que
celles réunies des malades traités à l'Hôtel-Dieu et aux hôpitaux qui lui ont
postérieurement été donnés pour annexe et ont d'autant contribué à son
dégorgement.

Les motifs qui déterminèrent la formation de cet hospice sont si péremp-
toires qu'ils laissèrent à peine lieu à l'examen.

Il est facile de sentir qu'au milieu d'un fauxbourg extrêmement populeux,
rempli de manufactures et d'atteliers de tous genre, à l'extrémité de la Ville,
un hôpital devenoit de la plus grande utilité.

On le destina d'abord à recevoir 160 lits seulement, mais après avoir fait

---

(1) Clavareau (1755-1816), auteur du portail de l'ancien Hôtel-Dieu et de celui de
l'École clinique de la rue des Saints-Pères.

(2) Nous avons respecté l'orthographe du manuscrit qui se trouve aux archives de
l'Assistance publique.

4

à la hâte ce premier établissement, on fit un examen plus approfondi de ce vaste local : sa position si favorable, ses si utiles accessoires, ses promenades qui présentoient le double avantage d'offrir aux malades des espaces aérés et de donner la facilité d'isoler entièrement cet hôpital, tout appela l'intérêt des Commissions tant de secours que des travaux publics et elles décidèrent qu'on donneroit à cet hospice toute l'extension dont il étoit susceptible, et que le nombre des lits des deux sexes serait porté à 500.

Conformément aux intentions du Gouvernement, je dressai les plans nécessaires pour atteindre le but qu'on se proposoit : la nécessité de former un plan neuf sur un ancien établissement, qui quoique grandement disposé avoit été affecté à une toute autre destination que celle qu'il s'agissoit de lui donner me présentoit beaucoup de difficultés à surmonter. Je fis tout pour y réussir.

Ben pénétré de mon programme et de l'importance de son objet, je fis tous mes efforts pour réunir tout ce que réclamoit cette importance, je veux dire l'utilité réelle et le style monumental qui doit caractériser les ouvrages d'une grande nation; je proposai enfin le plan ci-joint (voy. p. 49) qui fut approuvé et autorisé pour l'exécution le 19 brumaire an 4.

La constructon d'une partie de l'aile gauche fut commencée et suivie avec activité, ainsi que celle d'un petit corps de bâtiment qui devenoit indispensable pour loger les officiers de santé et les autres employés. Ce corps de bâtiment et la partie de l'aile en pierre furent confectionnés avec autant de célérité que le permet l'obtention des fonds, ainsi que la démolition de plusieurs petits corps de bâtiment qui obstruoient la cour de l'hospice et celle de l'Église et de deux maisons qui étoient sur le terrain de la rue qui devoit y conduire directement, dont la suppression est due au Ministre Benezech, qui dans la visite qu'il fit à cet établissement qui étoit déjà en activité, reconnut l'importance et la nécessité de lui donner une extension sufisante aux besoins de la classe indigente qui habite en si grand nombre le quartier où il est situé. Il entra dans les plus petits détails du régime intérieur, me demanda un compte détaillé de tous mes plans, en un mot prit une connaissance exacte et aprofondie des avantages que présentoit cet hospice et de ceux qu'il étoit possible de lui procurer encore.

Un bâtiment vaste et commode percé du nord au midi, une belle promenade pour les malades, des jardins immenses qui peuvent pendant toute l'année peut fournir des légumes frais, un superbe réservoir contenant quatre-vingt hectolitres d'eau et sans cesse alimenté par la pompe Notre-Dame, tels étoient les avantages précieux déjà existants.

Augmenter ce bâtiment de deux ailes (une déjà était commencée), l'aérer autant que possible par la démolition de l'Église et des mazures qu'elle soutenoit, et la formation en avant de l'hospice d'une grande cour, qui remplie de végétaux procureroit une entière salubrité, tels étoient ceux qui restoit à lui donner.

A l'appui du projet d'augmentation, le Ministre se convainquit par lui-même qu'un grand nombre de malades du Fauxbourg St-Antoine différoient de plusieurs jours leur entrée à l'hôpital aimant mieux être placés à celui de l'Est qu'à l'Hôtel-Dieu, pour la double raison de la salubrité évidente de ce premier et de sa proximité de leurs familles dont les consolations leur sont nécessaires et qu'un long trajet détourne des travaux qui les font vivre.

Ayant donc jeté sur tous ces objets ce coup d'œil administratif qui embrasse en un instant jusqu'au plus petit détail, il approuva tous mes projets; et, trois jours après, le 16 thermidor an 4, je reçus l'ordre exprès de faire de suite démolir l'Église, ce qui fut exécuté avec la plus grande célérité et sans accident.

En l'an 6 on continua les logements trop avancés pour être suspendus, et les arcades de l'aile commencée furent bandées, et le tout fut élevé jusqu'à la plinthe au-dessus de ces arcades (1).

En l'an 7, toujours occupé de ce qui pouvoit tourner à l'avantage de cet hôpital, désirant diminuer les dépenses qu'entraînait son établissement, et le hâter par tous les moyens possibles, je négociai l'adjonction d'une partie d'un superbe et vaste bâtiment (ci-devant abbatial) où je pourrois établir tous les accessoires qui occupent actuellement le rez de caussée, tels que Pharmacie, cuisine, lingerie, buanderie, salle de réception, etc., et former au premier et au deuxième les logements de l'Économe, des officiers de santé et autres employés.

Ma négociation fut couronnée de succès et les bâtiments et terrein contigu font maintenant partie de l'hospice ; et j'ai sur les fonds décadaires qui m'ont été accordés depuis le 21 frimaire, fait construire les murs de clôture et les distributions convenables pour les établissements qui y seront placés.

Il ne restera plus à faire que la continuation des deux ailes latéralles, le bureau de réception sur le devant et la porte d'entrée, ce qui peut être effectué par la même mesure de fonds décadaires prolongée pendant le tems nécessaire à la confection qui ne durera pas plus de deux ans.

C'est ici le lieu de démontrer la nécessité indispensable de s'occuper sans aucun retard des augmentations à faire aux trois derniers hôpitaux dont je viens de parler, et de les faire précéder, les dispositions à faire à l'Hôtel-Dieu, dispositions si urgentes néanmoins, mais dont l'exécution tient essentiellement à celles dont j'ai antérieurement parlé. Elles consistent principalement dans l'évacuation d'une partie des malades qui sont à cet hôpital, et dans la diminution du nombre des lits qu'il contient, il faut donc avant tout avoir préparé les locaux nécessaires pour recevoir les malades que je bannis de l'Hôtel-Dieu, ceux qui ne pourront plus y trouver place. Cette assertion s'appuie assez d'elle même pour me dispenser d'entrer dans un plus long détail.

Je touche donc enfin au terme de mon travail, j'ai reuni dans ce mémoire l'exposition de tout ce qu'il y a a faire pour completter une grande œuvre, et la demande du moyen simple, unique et facile qui me suffira pour y parvenir.

Vingt ans avant la Révolution on a reconnu la nécessité de former à Paris quatre grands hôpitaux ; vingt ans ont vu éclore les plus beaux projets à cet égard et pendant vingt ans on n'a pas formé un seul établissement nouveau, on n'a pas fait aux anciens une seule amélioration essentielle, un demi-siècle encore se serait peut-être écoulé sans qu'on réalisât les idées qu'avait enfantées la Philosophie. Depuis la Révolution, des améliorations considérables ont été faites aux anciens hôpitaux ; plusieurs nouveaux, dont un remarquable par son importance, ont été établis. Telle devait être la suite nécessaire de cette heureuse crise qui a renversé l'Edifice gotique des vieux préjugés, édifice derrière lequel se cachoient des vices funestes qu'on a détruits, des playes profondes qu'on a cicatrisées. Des progrès rapides et étonnants dans les sciences et les arts avoient précédé la Révolution de l'État politique : la lumière a annoncé, à causé l'explosion : les fondements du bien ont été jettés : des secousses, des malheurs, résultat nécessaire de la nature des choses n'ont pu détruire ces bases inébranlables. Il ne reste plus qu'à les

---

(1) Depuis ce temps, il m'a été impossible de continuer le plan général adopté par le Gouvernement et je n'ai pu entreprendre sur les fonds décadaires que les petites distributions à l'Abbatiale, dont il va être ci-après parlé.

consolider plus fortement encore, qu'à achever le nouvel édifice qu'on a élevé sur elles. L'objet sur lequel j'appelle l'attention du Gouvernement occupe une grande place dans ce qui constitue le bien public. Jettons les yeux sur les nations qui nous entourent, sur l'Angleterre, l'Allemagne, la Hollande, la Suisse, portons-les dans le nouveau monde sur les États-Unis, lisons ce que tous les voyageurs rapportent des hôpitaux de ces différents États ; comparons le tribut d'admiration et d'éloges qu'ils payent à ces intéressants établissements, avec les tableaux effrayants qu'on a toujours fait des hôpitaux de la capitale de la France, et osons convenir qu'au niveau des peuples les plus éclairés, sous le raport des sciences et des arts, nous sommes jusqu'à ce moment restés en arrière de presque l'Europe entière sous celui de l'humanité publique. Quelques-unes des nations que je viens de citer doivent à leurs Révolutions la perfection de leurs établissements hospitaliers ; ce bienfait sera aussi un de ceux de notre Révolution, et enfin les hôpitaux de Paris offriront journellement à plus de 4.000 (1) malheureux de cette grande ville un asile consolant et sûr, et aux étrangers un aspect imposant et respectable.

J'ai dû présenter au Gouvernement sur cet objet si essentiel des idées mûries par l'expérience, et la réflexion aportée de voir le mal, j'ai dû l'indiquer et faire connaître les moyens d'y apporter remède. J'ai déjà éprouvé une bien douce jouissance en remplissant cette tâche, qu'elle sera donc celle que j'y ajouterai en exécutant le bien que j'ai conçu !... heureux qui peut se dire : j'ai employé une partie de ma vie à être utile à mes concitoyens !

On excusera sans doute le style et l'incorrection de ce mémoire : je n'ai pu apporter à sa rédaction tout le soin qu'exigeait son importance ; il est le fruit des loisirs que me laisse la direction d'un Département immense : outre les établissements dont j'ai parlé, il en est un plus grand nombre du même genre, et d'autres ayant pour but l'instruction de la médecine et l'éducation des enfants dont la conservation est confiée à ma surveillance ; elle s'étend aussi sur 500 maisons dans Paris et sur plus de 60 fermes qui forment les deux tiers des possessions des hôpitaux de Paris. Il est facile de penser combien des détails aussi multipliés doivent absorber mon tems et mes soins.

Par délibération prise le 2 floreal an 8, la Commission administrative des hospices civils, après avoir témoigné sa vive satisfaction à l'auteur, l'autorisa « à faire toutes les démarches et poursuites nécessaires pour réaliser enfin ce vœu si cher à tous les amis de l'Humanité ». Signé : Lemaignan, Alhoy, Fesquet, administrateurs.

---

(1) Hôtel-Dieu 2.000
Hospice du Nord ou Saint-Louis 1.200
La Charité 500
L'hospice de l'Est 500
                                                              ____
                                                               4.200

HOSPICE DE L'EST

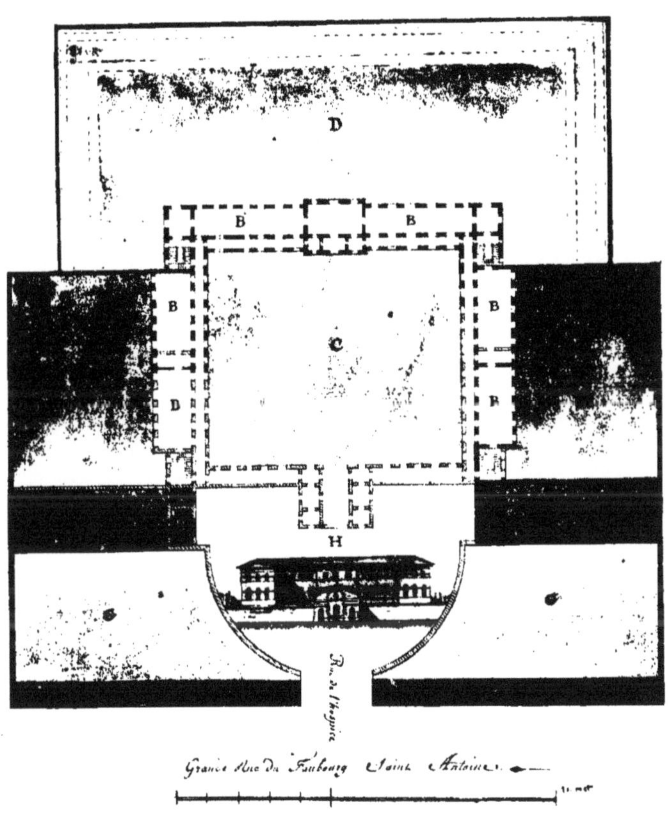

A. Bâtiment ci-devant abbatial où seront placés tous les employés de la maison.
B. Infirmeries des malades.
C. Grande cour qui sera plantée d'arbres.
D. Jardin et promenoir des malades.
E. Potager pour les légumes frais.
F. Jardin botanique pour la pharmacie centrale.
G. Cour des cuisines et des écuries.
H. Place circulaire au-devant de l'hospice.

BIBLIOGRAPHIE

Ancien régime

Archives nationales, Cartulaire du xiv⁰ s. (LL. 1595).

Lebeuf, éd. Cocheris, t. III, *Abbaye de Saint-Antoine-des-Champs*, Bournon, add., p. 365.

Bonnardot, *l'Abbaye royale de Saint-Antoine-des-Champs*, étude topogr. et hist. (Paris, 1882, in-4°) et *Bull. de la Soc. de l'Histoire de Paris*, 1883, p. 52.

Jaillot, *Recherches sur la Ville de Paris*, 1775, t. III, quartier Saint-Antoine, p. 38-42.

Dix-neuvième siècle

Rapport Clavareau à la Convention (8 messidor an III) (Archives nationales, F¹⁵ 257).

Règlement particulier pour l'hôpital Saint-Antoine (24 germinal an X 14 avril 1802) ap. Règlement des hôpitaux et hospices, t. II.

Camus, Rapport au Conseil général des hospices sur les hôpitaux et hospices, les secours à domicile ; Paris, fructidor an XI 1803), p. 44.

Compte moral de 1815 (blessés militaires).

Docteur Franck, *Voyage à Paris et à Londres* (en allemand, détails sur Saint-Antoine en l'an IX et X (Cf. trad. Briéle, inédite, aux archives de l'Assistance publique).

Husson, *Études sur les hôpitaux* ; Paris, P. Dupont, 1862, p. 12 et plan.

Lauth, Rapport au Conseil de surveillance, 16 janvier 1879.

Bourneville, Rapport au Conseil municipal, 22 mai 1882.

Docteur Garsonnin, *Histoire de l'hôpital Saint-Antoine et de ses origines* : Paris, Jouve, 1891 (thèse).

Docteur Bar, *la Maternité de Saint-Antoine* : Paris, Asselin et Houzeau, 1900.

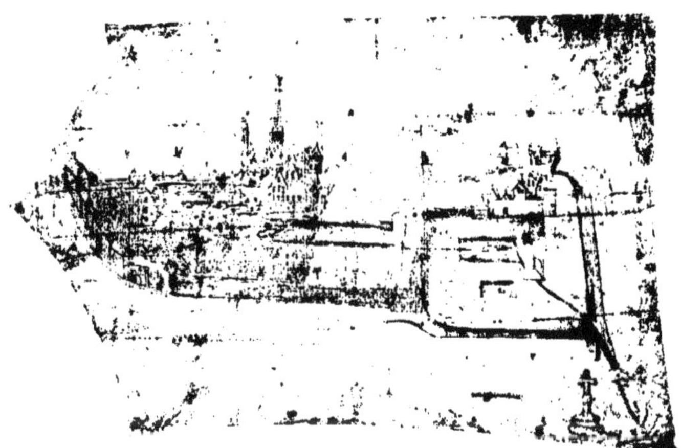

Vue de l'abbaye de Saint-Antoine et de ses environs en 1481
(d'après un dessin à la plume sur parchemin)
Arch. nat., sect. topogr., III⁰ cl., n⁰ 736.

INDEX DES NOMS PROPRES

TABLE DES MATIÈRES

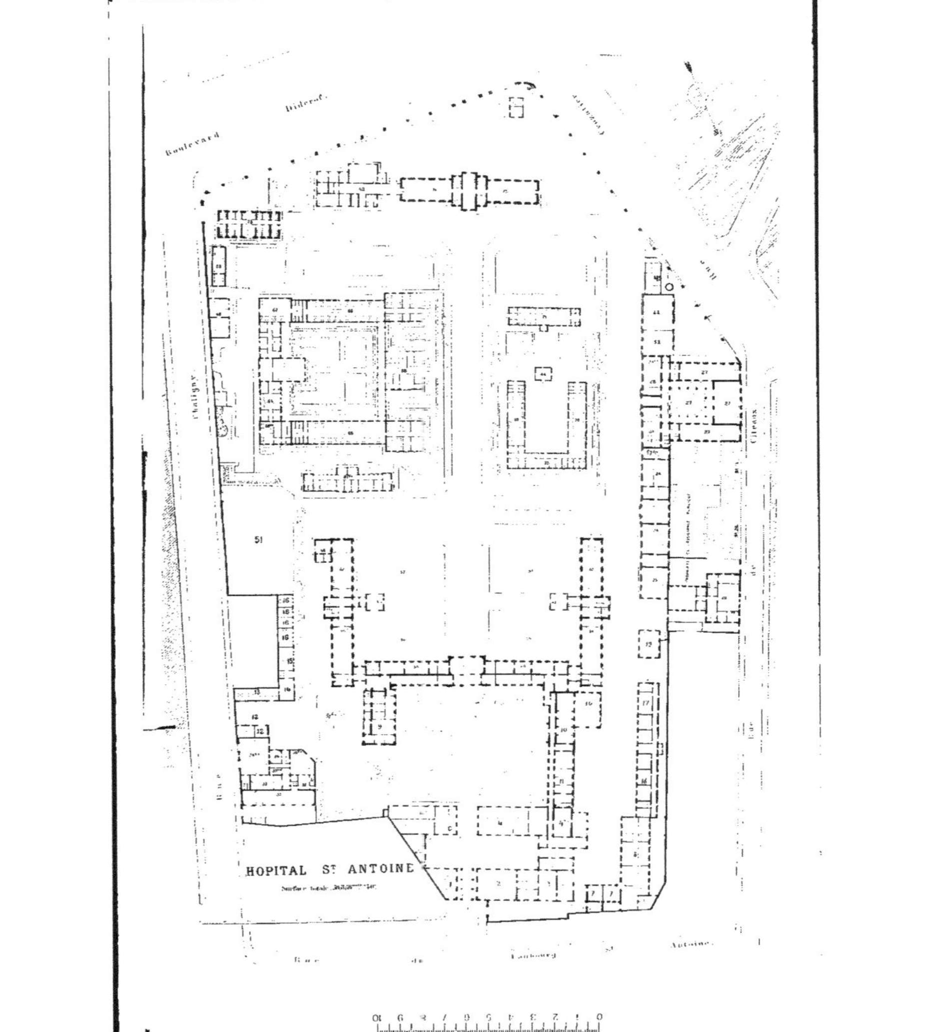
Boulevard
Diderot
Chaligny
Citeaux
HOPITAL St ANTOINE
Rue
de
Faubourg
Antoine